綱澤満昭

日本近代の隘路と蹉跌

風媒社

日本近代の隘路と蹉跌

[目次]

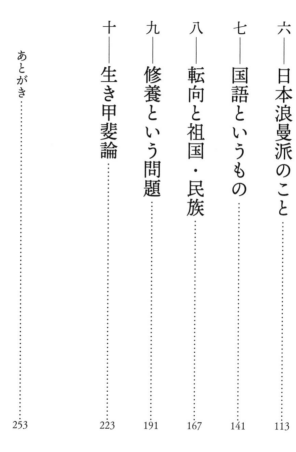

序にかえて――鬼の志気

柳田国男の民俗学は、文字を持たない無名の人たちを中心に、日本文化の底辺を照射することに精力を使ったといわれている。

たしかに、それまで日本の歴史というものは、文字が読め、書ける人、つまり自分たちの生活の足跡を記録として残せる人たちのものであった。柳田はそういう記録文書のなかには登場することのない民衆の日常生活に注目した。そのことは画期的なことであった。

しかし、それは、あくまでも農本的天皇制国家を支えてきた底辺の文化の発掘であって、この国家の裏側に、あるいは側面にへばりついていた闇の部分の歴史ではなかったのではないか。

民俗文化研究の中心は、この農本国家の正常なかたちで行われてきた日常という領域の研究であり、その裏側、負の領域がぬけ落ちているように、私には思える。

日本文化の裏側、つまり闇の領域を覗くためには、この農本国家で通用している常識とか倫理、道徳というものを脱した世界を見なければなるまい。場合によっては、その国家で通用している共通語を脱し、新しい「ことば」を創造する必要さえあるかもしれない。当然のことながら、それは反国家、反倫理的行為を覗くことになる。

鬘に使用するため、にやりとしながら死人の頭の髪を引きぬく老婆、女陰からかすかにのぞいている赤児の首を鉢巻をして、しめている若い女、隣の老人の死体から、足を一本借りてこいと叫ぶ老人、死んだこどもの脳みそを、かんざしでえぐりだして、うまそうになめる老婆の姿など、こういう人たちのやっていることを、倫理違反、道徳違反として、責めきれる人がこの世に存在するか。

餓死寸前状態に追いやられた人間が、自分の肉体を、なんとしても維持しようとして、必死になるとき、そこに世間の常識による罪悪感などといったものが、侵入する余地などあろうはずがない。

世間で通用している倫理や道徳といったものが、いかほどのものか。ここにあっては、ただ邪魔になるだけの存在である。世間では通用しない道をひたすら歩むのが鬼というものである。彼らは意図して鬼になっているのではない。生きぬくために、細い細いルールに従っているだけである。これは支配され、虐待される側の生きる道であり、深い深い闇のなかでの宴でもある。

この鬼たちには、ヒューマニズムも進歩も、革命もない。そういうものを超えたところで生き死にしているのだ。ある狂気を含む情念のなかで生きるしかない。狂気や毒を持たない変革の思想など、つまるところ、支配体制擁護に加担するものでしかない。権力によって飼いならされている人間たちとは無縁のところに鬼の日常はある。

したがって、子や孫に囲まれ、畳の上で安らかな死を迎えるようでは鬼にはなれない。次の柳田国男の「魂のゆくへ」のなかの一節など峻拒するエネルギーが必要なのだ。

「死んでも死んでも同じ国土を離れず、しかも故郷の山の高みから、永く子孫の生業を見守り、その繁栄と勤勉とを顧念して居るものと考へ出したことは、いつの世の文化の所産であるかは知らず、限りも無くなつかしいことである。…（略）…魂になってもなほ生涯の地に留まるといふ想像は、自分も日本人である故か、私には至極楽しく感じられる。出来るものならば、いつまでも此国に居たい。」（『定本柳田国男集』第十五巻、筑摩書房、昭和三十八年、五六一頁）

従来から鬼の定義をめぐっては、いろいろな角度からの接近がある。時代により、社会により、宗教によって、鬼は異った顔をわれわれに見せてくれる。

死人の霊魂という場合もあれば、超人間的な自然の驚異、神秘的な力そのものを鬼と呼ぶこともある。支配者によって排除され、棄民にされた先住民、社会の落伍者、漂泊者などをそう呼ぶこともある。

それにしても、誰が何のために、人の血を吸い、人の肉を食い、性は凶暴で神通力があり、通常の人間とは大きく異なった、あの鬼を想像し、創作したのであろうか。農本的天皇制国家にとって、なぜ、鬼は必要とされたのか。

考えられるのは、ある一つの体制を長期にわたり維持、存続させるため、あるいはその体制が極度に弱体化せんとするとき、それを救済するために、体制内部に一つの敵をつくり、それをよってたかってこらしめることにより、内部組織の強化につなげてゆくことである。その敵こそ鬼である。

天皇制国家を支えているものは、いうまでもなく、水田稲作を中心とする農本社会的組織である。この国家においては、原則として一本の草や木にいたるまで、大君のものであって、鬼のものは何一つない。住処とて、彼らには与えられてはいないのだ。

しかし、時と場合によって、鬼の住む空間を裏舞台として用意することがある。そこに閉じ込めておいて抑圧し、虐待し、体制を維持するためにである。

この表と裏を巧妙に使いこなしながら、天皇制国家は、その体制を維持してきた。そういう意味で鬼は負の存在として極めて重要なのである。

原則としては、この国家の権力拡大はその方向に逆らうものにたいしては、それを逆賊として徹底的に抑圧する。しかし、その昼の世界だけでは存続が不可能になるとき、夜の世界、裏の世界が必要になってくる。鬼はそのために存在を許されているのかもしれない。鬼が夜や闇の世界を好むのは、そういう世界しか与えられていないからである。

水田稲作の生活圏を昼の世界とするならば、鬼たちの躍動する世界は夜である。鬼は朝がくるのを嫌う。一番鶏が鳴いたら彼らは退散しなければならないのである。鬼が活躍するには、次のような闇が必要なのである。

「家の中からは一点の灯影もこそと云ふ人声も洩れるではなく、無気味な廃墟のような壁が暗い中に黙然として続いている。その壁と壁との間に屈曲した狭い小路を、私は始め何気なく歩いていたが、何処まで行っても闇があまり濃く、あまり静かなので、間もなく云い知れぬ怖れを感じて、何かに追いたてられるように走って抜けたことがある。

けだし、近代の都会人はほんとうの夜というものを知らない。いや都会人でなくとも、この頃はかなり辺鄙な田舎の町にも鈴蘭燈が飾られる世の中だから、次第に闇の領分は駆逐されて人々は皆夜の暗黒と云うものを忘れてしまっている。…（略）…かの渡辺綱が戻橋で鬼女に逢ったり、頼光が土蜘蛛に襲われたりしたのはこう云う凄まじい夜であったことを念頭におく必要がある。」（谷崎潤一郎『陰翳礼讃』中央公論社、昭和五十年、一〇四〜一〇五頁）

社会秩序が大きく乱れていて、不安定な世の中で鬼は生き、闇のなかで活躍する。日本史上でいえば、中世が鬼の時代で、近世になると鬼は次第に住む場所を失っていったというのは、そのことである。

支配者たちがつくった体制用の倫理や道徳を告発し、撃破する力は、暗闇の混乱と不安を栄養分とするのだ。

馬場あき子が鬼に同情し、次のようにのべたのは当然のことであった。

「現代に〈鬼〉は作用しうるか。近世にいたって鬼は滅びた。苛酷な封建幕藩体制は、鬼の出現をさえ許さなかったのである。そこでは、鬼は放逐される運命を負うことによってのみ農耕行事の祭りに生き、折伏され、誅殺されることによってのみ舞台芸術の世界に存在が許された。祭りや、歌舞の形式の中に埋もれつつ、その本来的エネルギーも圧殺寸前の状態となっている現在、最後の叫びを上げているような〈鬼〉のすがたに、私は限りない哀れを覚える。それとともに、機械化の激流の中で、衰弱してゆくほかない反逆の魂の危機を感ずる。」（『鬼の研究』三一書房、昭和四十六年、一〇頁）

乱世、混世のなかでしか生存の意味を持たない鬼は、その他の世の中では鬼の本質を奪われたかたちでしか登場できないのである。

本来、鬼は他からの同情やなぐさめなど、いささかも期待してはならず、ましてや、消滅や敗北の歌を唄いながら見世物になって、農本国家を喜ばせてはならない。

彼らは漂泊者であり、異端者である。常識的日常のなかで、ぬくぬくとして生きる平地人どもとは決然と袂をわかち、過酷な自己統制のなかに自分を投げ入れなければならないのである。

しかし、正義は農本国家で作られた常識にあって、鬼の側にはない。国家の常識は、可能なかぎり、光の領域を拡大し、闇の領域を極小化しようとする。闇の領域を残しはするが、その領域は必要とあれば、いつでも覗けるようになっている。その暗い穴のなかにいる者が多少でも不穏な動きを始めると、それは即座に焼き殺される。火炎放射器で洞窟のなかにひそむ敵兵を焙り出し、せん滅するように強烈な光熱をあびせるのである。

鬼と呼ばれた一例として鉄生産者がいる。人里離れ、山の奥で生活圏を持ち、修羅の叫びをあげつつ生きるしかなかった鉄生産者の姿がある。この鉄生産者たちの技術と鉄を欲し、その収奪のための口実として、権力者は彼らを鬼と呼んだのである。

鉄生産に生きる人たちの日常は、稲作民のそれとは大きく異る。彼らは苛酷な労働のなかで、独自の生活文化を形成している。それを稲作民が見るとき、異様に思えたのは当然であった。

農本国家の権力者たちは、鉄生産者を弾圧、排除しようとするが、鉄そのものは喉から手がでるほど欲しいのである。そこで、鉄を奪う側が正義となり、奪われる側が悪となって日本の歴史は描かれてゆく。この奪われてゆく側の日常史は無視されるか、扱われても粗雑なものでしかない。

国家の平安のためにという美名のもとに、いたるところで鉄収奪が行われたに違いない。鉄生産の技術を持った人たち、またその集団のなかにいる人たちは、妖怪、天狗、鬼と呼ばれ、差別され攻撃の対象となってゆく。

鬼伝説の残っている地域と鉱山のあった場所との関係を丹念に調査した人の一人として若尾五男という人がいる。彼はこの自分の調査、研究を「物質文化の面からのアプローチ」と呼んで、従来の「精神的アプローチ」と区別して次のようにのべている。

「石橋臥波、近藤喜博両氏は自然現象の人格化したものを鬼とし、馬場あき子氏は人間の心理状態に鬼を見ている。また、永沢要二氏は鬼という文字の起源に力点を置いて鬼を論考している。こうした人びとの鬼へのアプローチは、いわば精神史的アプローチといえよう。これに対し、私の鬼へのアプローチは物質文化の面からのアプローチといえる。即ち、金属自体、あるいは金属を取り扱う金工師（鉱山師・踏鞴《たたら》師・鋳物師・鍛冶師）と原始修験者の鬼である。これらが鬼と密接な関係にある根拠は各地の鬼伝説に求められる。」（『金属・鬼・人柱その他』堺屋図書、昭和六十年、五六〜五七頁）

若尾には、この『金属・鬼・人柱その他』という著作のほかに、『鬼伝説の研究』（大和書房、昭和五十六年）などがあるが、執拗に全国的調査を行っている。東北、関東、中部、近畿、中国、四国、九州と、それぞれの地域に存在する鉱山と鬼伝説の結びつきについて追求している。

鉄の略奪が、全国各地で行われていたことがわかってくるが、その際、性格が狂暴であるとか、異様な風体をして、農民を苦しめているとか、さまざまな理由を用意しては、鬼退治が行われたのである。

闘いの武器としても、農耕に使用する農具としても、鉄は最高のもので、不可欠のものであった。この鉄を敵に持たれれば、権力保持者側にすれば、致命的打撃となる。鉄生産の技術が欲しい、鉄そのものが欲しい。これは権力保持者にとっての念願であった。農本国家に生きる農耕民から覗き見が出来たとすれば、鉄生産者たちの日常的生活様式は、恐らく異様なものであったにちがいない。

王朝の栄華の対極に生きる鉄生産者たちの暮らしから、暗い情念が炎となって山をこがしていたのである。深い山中を生活の場としていた鉄生産者たちの一つ一つの行動様式をかいま見たとき、それは鬼のイメージを構成するに十分であったろう。

地獄に登場する主役の鬼と鉄生産にかかわる人たちの姿に共通性を見出す人もいる。

倉本四郎は、次のような主張をしている。

「地獄と、その主役たる鬼のイメージが形成される過程で、鉱山＝タタラ場と、そこで働く山の人＝金工師の姿が、大きな影響を与えたのは、たぶん疑いないことだ。ぼくらはそのしるしを、鬼たちが使う責め道具にみることができる。『鬼に鉄棒《かなぼう》』というのは、いろはカルタでおなじみの札である。『北野天神縁起絵巻』でも、フンドシ姿の鬼たちが、いたるところで鉄棒をふりあげ、罪人を追いまわし打ち砕いている。その鉄棒にしてからが、鉱山ぬきでは語れない。…（略）…じっさいに、金工師がこんな形の道具を使っていたのかどうか、ぼくは知らない。しかし、タタラ場では、炉から出した鉄のかたまりを、一種のハンマーでこぶし大に打ち砕き、種々の鋼《はがね》に選別したというから、鉄棒がハンマーをあらわしている可能性はある。…（略）…舌や目玉を抜く鉄火箸《ひばし》＝ヤットコは、はっきり金工・鍛冶の道具である。叫喚《きょうかん》地獄には、これでこじあけた罪人の口に、むりやり壺《つぼ》に入れた液体を流しこんでいる獄卒がいる。」（『鬼の宇宙誌』講談社、平成三年、五四頁）

鉄がなければ鬼ではない。この鉄の生産技術と所有とによって、鬼は権力に抗しうる資格と実力を持つ。

権力者はこの鉄を奪うことに血道をあげる。鬼はそれを死守せんとする。激しい闘いがあり、結局は鬼が敗北し、鬼征伐の物語がつくられてゆく。

岡山県に「吉備津彦命の温羅《うら》退治伝説」がある。この温羅という鬼は、酒呑童子と並ぶ怪力無双の鬼で、身長は一丈四尺、両眼は虎狼のごとく、口からは火を吹き山をこがす。空を飛ぶこともできる。人間も動物も食い、美女は略奪する。百済の王子であったという説もある。

この狂暴な温羅に吉備の人たちは恐怖を抱き、朝廷に助けを求めたという。この吉備津彦命と温羅との闘いは次のように伝えられている。

「ミコトはいよいよ温羅《うら》と闘うこととなったが、もとより変幻自在の鬼神のことであるから、戦うこと霊霆のごとく、その勢はすさまじく、さすがのミコトも攻めあぐまれたのである。…（略）…ミコトはそこで神力を現わし、千鈞の強弓をもって一時に二矢を発射した。これは全く鬼神の不意をつき、一矢は前のごとく噛み合うて海に入ったが、のこりの一矢は狙い違わず見事に温羅の左眼に当たり、血潮は混々として流水のごとく迸《ほとばし》った。…（略）…さすがの温羅もミコトの一矢に避易《へきえき》し、たちまち雉と化して山中に隠れたが、機敏なるミコトは鷹となってこれを追っかけたので、温羅はまた鯉と化して血吸川に入って跡を晦《くら》ました。ミコトは鵜となってこれを噛み揚げた。…（略）…温羅はもはや絶体絶命、ついにミコトの軍門に降って、おのれの『吉備冠者』の名をミコトに献ったので、それからミコトは吉備津彦命と改称されることとなった。」（藤井駿『吉備津神社』日本文教出版、昭和四十八年、六九〜七〇頁）

この伝説をどう読みぬくか。いうまでもなく、吉備の国は極めて質の良い砂鉄の産地であったし、量産体制も整い、軍事的にもかなり強力であった。当然のことながら、中央の権力は、この吉備の国に目をつけ、機会をみては略奪をねらっていたに違いない。温羅は渡来して、この地に住み、鉄生産集団のボスであったろう。

このボスを攻撃し、鉄を奪うには、それなりの大義名分がなければならず、このボスを悪の象徴である鬼にすることが必要だった。

温羅にたいする執拗な攻撃は、王権の鉄への執着を物語っている。温羅は死してのちも唸り続けたという。ミコトは犬飼武に命じて、その首を犬に食わせたが、それでも、髑髏になってもその唸りは消えることはなかった。この温羅の怨霊を鎮めようと、吉備津神社にある釜殿の下深くその髑髏は埋められたが、それでもそれから十三年の間唸り声はやまなかったという。

温羅を鉄生産集団のシャーマンではなかったかという人もいる。

「広く遠くに及ぶ土地に君臨するため、吉備津彦命は、帝命により〝桃太郎〟の役を演じたのであり、鉄への挑戦であったといえます。鬼のような温羅が、産鉄集団の族長シャーマンであったとすれば、古代から良質の砂鉄の産地で知られた吉備国では十分に権力者となりえたのです。古代においては、鉄器の生産、そこから生み出される武器の出現は、人々のまだ知らぬ革命的事件であり、温羅はその技術集団のシャーマンであったというだけで権力者によって鬼にされたのです。」（大橋忠雄『民話のなかの被差別部落像』明石書店、昭和六十年、九七頁）

この雑文を書きながら、私は小松和彦の次の文章を思い出したので、ここに紹介する。「これまでの日本の民俗文化研究の中心は、民俗の『正』の領域に関するものであった。正常な形で生まれ、正常に成長し、正常な結婚・夫婦生活を営み、正常な価値観をもって正常な行動を行ない、そして正常に死んでいった人びとの文化の研究であった。しかし、その一方には、その逆の生き方を部分的であれ、しなければならなかったような人びとが存在していたのである。日本の民俗文化の真の姿、全体像は、そうした『負』の民俗文化を知りえて初めて私たちの前に立ち現われてくるのではなかろうか。」（『新編・鬼の玉手箱』福武書店、平成三年、三〇九頁）

「正」の領域の研究が完成されているとは思わないが、「負」の領域については、常に無視され、排除されてきた。小松がいうように、この部分が照射されないかぎり、日本民俗文化の全体像は見えてこないのはいうまでもない。

いまも、静かに深い深い闇の世界で、自分たちの生きる道を模索し、新しい文化の創造に向けて、知恵をしぼっているものがいる。
体制の枠から大きくはずれてしまった存在が、いかにもがいても、尋常な手段での抵抗は不可能である。狂気というものが必要となる。正常であればあるほど狂うのである。

主要参考・引用文献

小松和彦『鬼の玉手箱』福武書店、平成三年
小松和彦・内藤正敏『鬼がつくった国・日本』光文社、昭和六十年
大橋忠雄『民話のなかの被差別部落像』明石書店、昭和六十年
馬場あき子『鬼の研究』三一書房、昭和四十三年
藤井駿『吉備津神社』日本文教出版、昭和四十八年
大和岩雄『鬼と天皇』白水社、平成四年
倉本四郎『鬼の宇宙誌』講談社、平成三年
知切光歳『鬼の研究』大陸書房、昭和五十三年
谷崎潤一郎『陰翳礼讃』中央公論社、昭和五十年
沢史生『鬼の日本史』(上・下)彩流社、平成二年

服部邦夫『鬼の風土記』青久社、平成一年
南清彦著・藤原重夫画『鬼の絵草子』叢文社、平成十年
若尾五男『金属・鬼・人柱その他』堺屋図書、昭和六十年
若尾五男『鬼伝説の研究』大和書房、昭和五十六年

一　近代的自我と、ヨーロッパ文明

近代的自我を持った人間は、近代的知識人であり、持たない人間は前近代的人間であるとの幻想を多くの人が抱かされてきた。

封建的呪縛、軍国主義的圧力からの解放のためには、近代的自我の確立が必要不可欠であるという「信仰」を日本の近代的知識人たちは持たされてきたのである。

したがって、自力の無力、無能を自覚し、自分を「大いなるもの」に預けるというような他力主義など、とんでもない前近代主義か反近代主義であるとの烙印を押された。

近代的自我が確立されていなければ、諸々の呪縛構造的世界で呻吟せざるをえない世界が永遠に続くであろうと彼らは考えたのである。

付和雷同、時流に流されてゆく悲しい運命を辿るのはこの自我の不在からくるものだといわれてきた。

封建的ムラ社会が解体され、近代社会が形成されるためにも、まずこの自我の確立が焦眉の課題となる。

この近代的自我に関して、松本道介は丸山真男を取り上げて興味ある発言をしている。丸山真男といえば、戦後日本の政治学のみならず、社会科学全般に大きな影響を与えた人物であるが、その丸山の「超国家主義の論理と心理」（『現代政治の思想と行動』未来社）を取り上げ、次のようにのべている。

「『超国家主義の論理と心理』は、誰が戦争を意図し遂行し責任をとるかが明快にわかっていたナチス・ドイツの場合をひきあいに出しながら、烏合の衆に近かった日本の為政者たちの実態をあばき出していた。日本の指導者にくらべて、ナチスの場合は指導者の自覚とか責任という点でほとんど非のうちどころないもののように説かれているので、当時の私は著者がナチス・ドイツを讃美しているかのような印象を抱いたことを思い出す。今度久しぶりにこの本を読み返してみて、やはりそれに似た感想を持った。」

（『近代自我の解体』勉誠社、平成七年、一二頁）

ヒットラーやゲーリングをはじめとするナチス・ドイツの指導者たちは、確たる自我を持っていて、それに基づいた判断、決断をし、責任意識も明確に持っていた。

自分で企画し、自分で決断したとゲーリングたちは平然という。このナチス・ドイツの指導者たちのなんと「近代的」であることかと丸山はいう。

それに較べ日本の独裁者たちのあわれな存在を、丸山はこういう。

「だから戦犯裁判に於て、土屋は青ざめ、古島は泣き、そうしてゲーリングは哄笑する。後者のような傲然たるふてぶてしさを示すものが名だたる巣鴨の戦犯容疑者に幾人あるだろうか。同じ虐待でもドイツの場合のように俘虜の生命を大規模にあらゆる種類の医学的実験の材料に供するというような冷徹な『客観的』虐待は少くも我が国の虐待の『範型』ではない。」(「超国家主義の論理と心理」『増補版・現代政治の思想と行動』未来社、昭和六十二年、二〇頁)

丸山がヒットラーやゲーリングの蛮行を賛美したり、尊敬しているわけではないことは、松本も百も承知している。しかし松本は、なぜ、ここまで丸山は近代的自我を高く評価するのか、またそれに固執するのかと問う。近代的自我さえ持っていれば、どのような悪党も是認されるというのか。金科玉条としての自我はなにもかも許容してしまいそうである。

「ナチスの指導者は今次の戦争について、その起因はともあれ、開戦への決断に関する明白な意識を持っているにちがいない。然るに我が国の場合はこれだけの大戦争を起しながら、我こそ戦争を起したという意識がこれまでの所、どこにも見当らないのである。何となく何物かに押されつつ、ずるずると国を挙げて戦争の渦中に突入したというこの驚くべき事態は何を意味するか。」（同上書、二四頁）

まるで日本の独裁者には主体的意識というものが存在しない。それにひきかえ、ナチス・ドイツの場合、明白な意識を持って闘いに挑んでいるというのである。

ナチス・ドイツが近代的自我を持って近代戦を闘っているのにたいし、日本は前近代的衣装のまま近代戦を闘っているようなものだと丸山はいいたげである。

丸山にかぎったことではないが、日本の近代的知識人たちは、ヨーロッパ近代が好きである。ヨーロッパ近代は、あらゆる点において自覚的で、主体的であるからである。

奈良本辰也なども天地自然の理法にしたがって生きるのではなく、そこに人間の作為が存在することによって、近代が見えてくるという。

奈良本は二宮尊徳のなかに「人道」という近代思想の萌芽を発見し、高く評価した。人間は自然の法則に従いつつも、それとの激しい対決のなかに近代が出現するというのである。彼はこういう。

「何よりも彼を近代思想の系列に加えるものは、その天道と人道との区別であろう。自然と人間とは、封建的世界観においては、所謂、道徳的自然法の思想として一体をなしていた。近世的な思想の第一歩は、この道徳的自然法における人間と自然の関係が全く別個の次元において成立することを発見したときに始まるのであるが、更に言えば、その人間が単に自然と分離するだけではなくて、分離した人間が自然をも自己の支配の中におさめ行く過程に、近代世界観の確立がみられるのである。」(「天保期の思想家・二宮尊徳」『思想』岩波書店、昭和二十三年十月、四五頁)

天道から人道へ、自然から作為へ、このことによって近代が生れるという。自然界を支配下に置くことは、神や仏といった「超人間的な力」の存在を忘却の彼方に追いやり、この世界を人間は人間のために改造できるという傲慢さを身につけることになった。

それにしても、丸山や奈良本はどうしてここまで近代的自我とか、近代そのものにこだわるのか。松本道介は丸山の近代的自我への固執について次のようにのべている。

「丸山の『超国家主義の論理と心理』は、西洋近代がまさに理想であり、日本的なものはオール否定の感がある。理想としての近代に照らしてみると、日本の指導者たちはいかに卑小で無自覚であったかが曝露される一方、ナチスの指導者たちは近代的自我の持ち主であるという点に於いて肯定され、ほとんど讃美されているようにさえ見える。……（略）……『超国家主義の論理と心理』で讃美されるのは近代であり、近代的自我であった。近代的自我の持ち主は一切の行為に於いて自覚的である。悪をなすにあたってもマキアヴェリ流に悪を自覚している。対象に対して常に距離をとり、対象をものと見なすことによって主体としての自由を保つ。」（松本、前掲書、一九～二〇頁）

ムラ社会の封建的呪縛や教育勅語を中心とする押しつけ道徳からの解放、つまり自我の自覚と主体性の獲得ということが、日本近代の大きな目標となっていたことは事実である。

個人の自由も自立も主体性も、ことごとく押しつぶされ、抹殺されていた状況からの解放は、なにも丸山たちのみならず、戦後世界に生きる人たちにとっては、未来に向けての明るい希望であった。

しかし、そのことがいきおい個人のエゴイズムと結びつき、その追求の嵐が民主主義と合流し、実に奇妙な戦後民主主義が登場してしまった。個人的利益の追求の拡大が全体主義を超克するなどということは間違ってもない。自我、主体性、自主性を問うとき、つねにこの問題が残る。

ヨーロッパの近代的自我を金科玉条のように思ってしまった日本の近代的知識人は、ヨーロッパ文明そのものも絶対的なものとして信仰した。

日本はアジアの一員でありながら、近代化の道に関しては、ヨーロッパ列強を目標に置き、その仲間入りを一日もはやく実現しようと懸命な努力を重ねた。ヨーロッパは文明国であり、アジアは停滞した非文明国として烙印を押されてきた。

ヨーロッパに遅れをとった日本は、一日もはやく彼らと比肩するところまで上りつめることを念願し、富国強兵、殖産興業の道を走った。脱亜入欧に血道をあげたのである。日本は地図の上ではアジアであるが、日本人の精神はすでにヨーロッパ文明に移っていて、今は隣国の開明などを待っているときではない、とのべたのは福沢諭吉であった。彼は「脱亜論」を書いている。

文明は病気である。「麻疹」のようなものだと福沢はいう。この「麻疹」にかかることを恐れるのではなく、この病気を一度受け入れて、その気風になじむことが智恵ある者のとるべき道だという。中国などはこの病気にかかることをかたくなに拒絶したため、窒息状態に陥ったのだという。

日本はこの病気に一度かかったために、植民地化されることを免れ、「脱亜入欧」の道を選択することができたのだという。

隣国アジアを友とせず、日本はヨーロッパ化をめざした。この瞬間から、アジアは日本にとって、近くて違い国になってしまった。

ヨーロッパ文明を唯一の方向性とした日本近代は、ヨーロッパ列強がたどった道と同じ道を歩もうとした。優秀な官僚組織と強力な軍隊の養成が焦眉の課題となる。

日本は政治の世界においては植民地化されるという悲劇は避けることができたが、文明の世界では、完全にヨーロッパに支配されることとなった。

ヨーロッパ文明の前に、日本も日本人もひざまずいたのである。

合理主義、理性、科学、論理というものがすべてを支配することになり、この世に存在するものは、人間の心理も道徳も倫理も、すべて科学的に説明可能だという神話にとりつかれてしまった。こういう文明がはびこるにはそれなりの理由があった。元来人間も生物の一員であることから、生物としての自然性を持ち、それによって生きていたのであるが、いつの日からかその自然性、本能を喪失してしまった。その穴埋めをしようとして人間は文明をつくらざるをえなかったのである。ヨーロッパ文明もその一つである。

岸田秀が面白いことをいっている。

「文明は、人類が生物学的に畸型的な進化の方向にはまり込み、本来の自然的現実を見失ったことにはじまる。人類は、見失った自然的現実の代用品として人工的な擬似現実を築きあげた。この擬似現実が文明である。しかしながら、それはあくまで擬似的なものであるから、どうしても人類と文明とのあいだにはしっくりしない齟齬があり、人類は文明のなかにあってどこか居心地がわるく、場違いな感じを免れ得ない。この居心地のわるさを解消しようとして、人類はまた新たな擬似現実を築きあげる。」（「伝染病としての文明」『続・ものぐさ精神分析』中央公論社、昭和五十七年、一〇頁）

こうして何度も何度も新しい擬似現実を人間は創造してゆくのである。

岸田流にいえば擬似現実の一つであるヨーロッパ文明も、いろいろと人類に貢献している。しかし、そうだからといって、そのある局面のみを拡大しては誤りであって、それが持っている限界も陥穿も認識しておく必要がある。

この文明の核の一つは、自然科学の発達であるが、それをバネとする生産力の向上は、常に自己拡張を主義として、非ヨーロッパを支配し、侵略し、多くのものを略奪していった。

自由、平等、民主主義とは誰れのためのものであったのか。自由、平等、民主主義の名のもとに、非ヨーロッパが排除され、また、強引な同化がすすめられたのである。略奪と抑圧とによって、拡張してゆくことがヨーロッパ文明の宿命であった。この文明は常に拡張し続けていなければならなかった。

この文明の支配下にあった日本も、隣国の支配という拡張主義を旨とした。この酒を多量に飲まされた日本の近代主義者たちは、合理や論理とは異なる「信」や「情」の世界を無気味なものとして闇の世界に葬ろうとした。そのために近代主義者たちは血眼になる。しかし、どんなに血眼になっても、この闇のなかに深く潜む人間の根源的領域に触手をのばすことはできない。そのため、権力はその闇に怯え、不安と恐怖をつのらせ、ついにそれらを避けて通るか、理不尽な弾圧を加えるかという結果になる。

近代文明というものは、ヨーロッパの独占物となり、自由も平等もヒューマニズムもすべてヨーロッパのもので、非ヨーロッパはそれをそのまま受け入れるか、支配の対象となり、植民地化される運命にあった。

ヨーロッパ列強に遅れをとった後発の日本は、文明開化に象徴されるような、ヨーロッパ文明の模倣に血道をあげていった。そのことにより、日本は急激に実力をつけていった。やがて膨張的日本の姿があらわれる。こういう方向に強い疑念を抱いていた人に岡倉天心がいる。

天心は美術評論家であり、思想家であり、東京美術学校の創設に尽力した人物である。彼はヨーロッパの光輝とその裏で泣いているアジアを次のようにとらえている。

「ヨーロッパの栄光は、アジアの屈辱である！　歴史の過程は、西洋とわれわれのさけがたい敵対関係をもたらした歩みの記録である。狩猟と戦争、海賊と略奪の子である地中海およびバルト海諸民族の、落ちつきのない海洋的本能は、最初から、農業的アジアの大陸的安住とはいちじるしい対照をなしていた。自由という、全人類にとって神聖なその言葉は、彼らにとっては個人的享楽の投影であって、たがいに関連しあった生活の調和ではなかった。彼らの社会の力は、つねに、共通の餌食《えじき》を撃つためにむすびつく力にあった。彼らの偉大さとは、弱者を彼らの快楽に奉仕させることであった。」（「東洋の目覚め」、色川大吉編『日本の名著・岡倉天心』中央公論社、昭和四十五年、七〇頁）

アジア諸国は、その多くがヨーロッパ列強の侵攻を受け、その状態がいつ終るともなく続いたのである。

天心は多くの近代日本の知識人たちのとった方向性に共鳴することもなく、旗をふることもなかった。

アジアのそれぞれの国は、それぞれ独自の歴史と文化を持って生きていることを天心は熟知していた。

科学技術文明に遅れをとったからという理由で、アジアはいささかもヨーロッパに劣等感を持つ必要はないし、恥じることもない。

人間が自然を自分の支配下に置き、スピード、効率によって生産性はあがらなくとも、人間と自然が一つとなって、労働と芸術が一つになるような精神の昂揚にその基本を置くのがアジア文明であると天心はいう。

アジアの多くは農耕文明を持っている。これは自然と人間の融合のなかでの文明を持ち続けるということである。しかし、こういう文明はヨーロッパの文明の基準からすれば、進歩に逆行するものとなる。

このヨーロッパ文明の攻勢を恐れ、必死にブレーキをかけた人たちも少数ではあったが存在した。しかし大勢としてはヨーロッパ文明が世界を席巻することになる。

この文明の根底には、いうまでもなく強者の論理が一貫している。つまり、強者が弱者を支配し、昼が夜を支配し、生者が死者を支配するという世界である。

これが人間の進化であり、生存競争の結果であり、人間の幸福への道であるとした。

日本には勝者の論理が通用しない奇妙な歴史がある。敗者が勝者を、死者が生者を支配するという歴史である。

理不尽な死を強要された死者、敗者の霊は幾年も、幾百年も勝者、生者を苦しめ、ついに勝者は自分が犯してきた悪行、罪を認め、詫びをいれる。怨恨と呪詛をはらむ敗者、死者の霊は、生きて快楽をわがものにしている勝者、生者たちを闇のなかに引きずりこむ。

勝者が敗者にたいして、自分が勝利したことを何度も何度も詫びるという文化を持っている国は、そう多くはなかろう。勝者が敗者に深々と頭を下げて謝罪し、霊を鎮めるという、この文化は、いわば一つの非ヨーロッパ文化であるといってよかろう。

主要参考・引用文献

丸山真男『増補版・現代政治の思想と行動』未来社、昭和六十二年
松本道介『近代自我の解体』勉誠社、平成七年
奈良本辰也「天保期の思想家・二宮尊徳」『思想』岩波書店、昭和二十三年十月
奈良本辰也『二宮尊徳』岩波書店、昭和三十四年
岸田秀『続・ものぐさ精神分析』中央公論社、昭和五十七年
色川大吉編『日本の名著・岡倉天心』中央公論社、昭和四十五年

二　労働の過信

本来、人間も他の動物と同じように、生命を維持することのために労働をしても、それ以上の労働を欲することはなかったのである。

ところが人間だけが、いつの日からか自分の生命維持のほかに、将来のためにとか、あるいは所有欲、権力欲などのために、必要以上の労働をするようになった。

そうなると、人間が基本的な生き方の一つとして価値を付与していたであろう怠惰や遊びというものは、後方に押しやられてしまい、場合によってはそれらは悪とされ、日常生活は労働一色にぬりつぶされた。しかもその労働は経済的価値を生みだすという役割をこえて、総合的な価値を生みだすものにまで祭りあげられ、神聖化されることになる。

近代の労働を考えるにあたって、きわめて示唆に富んだ指摘がある。今村仁司の次の発言である。

「近代的労働は禁欲主義的労働であるといわれる。労働の近代性は、近代になってはじめて登場した産業的経済（インダストリーの経済）に適合的であるということである。人間の身体的活動はけっして産業的経済に適合的にはできていない。人間の身体は自然のリズムに適合的である。初期近代の時点にたって中世的身体と近代的身体とをくらべてみれば、中世的な農民的身体のほうが自然のリズムによく適合している。ところが近代の産業的生産的経済は、自然的身体では経済を運営することができない。だから初期近代は、この自然的身体を人工的に『不自然な身体』つまり産業的身体に変換しなくてはならなかった。」（『近代の労働観』岩波書店、平成十年、五一〜五二頁）

「自然的身体」を「不自然な身体＝産業的身体」に変換させるためには、宗教も必要であったし、種々の強制、規範、法律も必要であった。

多忙な労働が道徳的となり、倫理的となったのにたいし、余暇や遊びは非道徳的、非倫理的という烙印を押されることになった。

日本の近代化はヨーロッパと比較するとき、かなりの遅れをとっていた。ヨーロッパ列強に追いつくために日本は、産業、軍事面などにおいてかなりの無理をせざるをえなかったのである。

安い商品の生産を可能にするため、低賃金と長時間労働を労働者に強いることになる。この劣悪な労働条件に耐えうる労働者が農村にもとめられたのである。農村は農村で、過剰人口をかかえ、貧困にあえいでいた。家族のなかの一人でも多くが、他人の家の飯を食ってくれればと願う。若者の人口流出がはじまる。ただし、完全な労働者になって都市へ住むという型は少なく、農閑期を選んで都市労働者になるという、いわゆる「出稼型」労働者が多数をしめたのである。

この「出稼型」労働者の存在が、その後の近代日本の労働者の賃金に大きな影響をおよぼしている。大河内一男はこの日本の労働者の型についてこうのべている。

「肉体としても、意識としても、この出稼型は、日本の労働階級の特性を形作っている。賃金労働の直接の動因が、或る場合には出身農家の家計を補充するためのものであり、また或る場合には農村における過剰人口の放出のためであるという事情は、当然に労働条件をその本来のあるべき水準以下に引き下げる作用をいとなむものである。日本の労働条件は『低賃金』という言葉で特徴的にいい現わされているが、それはただ日本の賃金が外国のそれに比較して『低い』ということを意味するだけではなく、労働条件が総体として近代的に合理的な形態や内容をもっていない、ということを物語っているのである。」（『黎明期の日本労働運動』岩波書店、昭和二十七年、一〇頁）

こういう背景のなかで生れた日本の労働者が大量に農村から放出されたのである。都市労働者として定着している者も、何代かさかのぼれば農民ということになる。農民の大部分は水田稲作農民である。この稲作が自然環境に大きく影響されることはいうまでもない。これに対応するためには、過度の「人力」しかない。

定住ということが前提となる水田稲作地域は、権力が支配しやすい社会である。沢史生の次の発言に注目しておきたい。

「権力者が最も御しやすい対象は農民であった。それも弥生文化がもたらした水田農耕の民である。焼畑農耕には漂泊性がついて回ったが、水田農耕には良田に仕上げる根気を必要とした。…（略）…王権は定着農耕を絶好の王化手段に選んだ。戸口に編入して定住させる。居住地からの離脱、つまり亡命逃散は、これを罪と見なし処罰する。これによって権力者は、否応なく農民からの年貢を吸収することができた。」（『閉ざされた神々』彩流社、昭和五十九年、二〇六頁）

こうした環境のなかで懸命に働くことのみが、極端に美化され、道徳化された。この苦しさに耐えることに人生の意味があるかのような錯覚におちいり、自虐の精神を美化し、ひたすら働くことになる。

過酷な労働が強要される一方で、「農は国の本なり」という農本主義的アクセサリーが用意された。

近代になっても資本主義経済のなかで、農民の精神を継承した労働者は、懸命に働くことを美徳とした。

こうして、日本人の道徳観のなかで、労働というものが、常に大きな幅をきかせてきたのである。

日本人に限定することではないが、人間というものは、基本的にというか、本能的にというか、自分とその家族が生きてゆければ、それ以上に働くことはしなかったのではないか。そういうものとしてあったように思う。

もともと怠けものであった人間を、勤勉主義者に変えたのは誰か。「自然的身体」を「不自然な身体」に変えたのは誰だ。

人間の肉体も精神も、他の動物と同様、自然のリズムに順応して生きるようにつくられている。いつの日からかその本質的なものを変換させられ、自然のリズムから、はずれた生き方を強制されてきた。

本能的なものは破壊され、ある一つの鋳型にはめられた。その鋳型の一つは生産力向上に役立つものである。現代文明はその延長線上にある。

前述した今村仁司は、禁欲的労働の押しつけの制度として、施療院、矯正院をあげ、次のようにのべている。

「施療院、矯正院といった救貧制度は、要するに、怠惰な人間の屑だと非難される民衆を収容所に監禁することである。すでに指摘したように、それは行政的にして教育的な目的を持っていた。その教育の目標は、統治者の観点では、人間を無為と怠惰から『解放する』ことであったが、われわれの観点では、興隆しつつある市民経済に照応する労働身体の形成であった。統治者がめざす『教育』は、監獄の囚人が鞭打たれるのと類似した残酷な教育であった。その無慈悲な『教育』は、強制労働を通して禁欲的生活を学習させることであった。監禁生活は禁欲生活を収容者に体得させることができるとみなされた。」（今村、前掲書、四六～四七頁）

国家、権力による国民形成の教育というものは、こういうものであった。労働は道徳化し、神格化していった。

こうした労働への過度の価値にたいして、警鐘を鳴らした人に、ポール・ラファルグがいる。労働への過度の愛を、彼は狂気と呼び、『怠ける権利』を書いたのである。ラファルグの発言の一部を引いておこう。

「資本主義文明が支配する国々の労働者階級はいまや一種奇妙な狂気にとりつかれている。その狂気のもたらす個人的、社会的悲惨が、ここ二世紀来、あわれな人類を苦しめつづけてきた。その狂気とは、労働への愛情、すなわち各人およびその子孫の活力を涸渇に追いこむ労働にたいする命からがらの情熱である。こうした精神の錯誤を食い止めることはおろか、司祭も、経済学者も、道徳家たちも、労働を最高に神聖なものとして祭り上げてきた。浅はかな人間の身で、自分たちの〈神〉よりも賢くなったつもりでいるのだ。無力な賎しい身分で、神が呪いたもうたものを復権しようというわけだ。……（略）…連中の判断を斥け、彼らの〈神〉の裁きに訴えたいと思う。彼らの宗教的、経済的、自由思想的道徳の説教を斥け、資本主義社会における労働への恐るべき結果に目を向けたい。」（『怠ける権利』〈田淵晋也訳〉人文書院、昭和四十七年、一四～一五頁）

労働というものを過剰に評価することへの警鐘であり、人間にとって労働はどれほどの価値を持っているのかという鋭い問いかけでもあった。多忙と勤勉が人間の価値ある行為などと評価することは、狂気であるというのである。

労働こそが神聖で、絶対的だとする社会の常識にたいし、これほど急進的に批判、攻撃をした人は少ない。

ラファルグは労働というものが、どれほど真の人間性を喪失させ、知的荒廃をもたらし、人間を地獄に埋没させているかという社会病理を指摘しているのである。

働くことの対極にある無為、遊び、余暇といったものが、人生にとっていかなる価値を持っているかということを、日本の近代は問うてこなかった。

いま、国家のため、天皇のためといった滅私奉公的道徳は小さくなっているが、それにかわるものとして、自分の所属する集団、組織にたいし忠誠を誓い、その方向に向けての実践、努力が生甲斐となっている状況がある。

梅棹忠夫は『わたしの生きがい論』のなかで、人間はそもそも生甲斐とか、人生の目的といったものを持たなければ生きられない存在なのか、と問うている。

個人が自分の生甲斐だと思っていることも、この生き甲斐をつくっているものは、組織や集団ではないか、という思いを彼は抱いている。

企業のなかで生き甲斐を持って生きているということは、その企業が作為した価値に忠実であるということではないのか。企業を離れてもその生き甲斐論は普遍性を持ってしまう。生き甲斐論とか人生の目的論の危険性はこういうところにある。

梅棹は人生というものに目的などあるものかと次のようにいう。

「人生の目的は何か、これは昔からよくいわれる疑問ですけれども、人生の目的は何かという質問自身を、わたしは基本的には意味がないというふうにかんがえています。人生に目的なんかあるものですか。そんなものあるわけがない。人生というのは『ある』のであって、目的も何もあったものじゃない。…（略）…しいていえば、生きているということ、そのことが自己目的なんですね。」（『わたしの生きがい論―人生に目的があるか』講談社、昭和五十六年、七八～七九頁）

そもそも人間が人生の目的とか、生甲斐とかといったものを追い求めようとするのは、誰かによって、そのことを押しつけられたか、あるいはその人間が自分の人生を十全に生きていない証拠である。

人生を十全に生きておれば、そこにはいかほどの過不足もなく、迷うこともない。人間も、もともと豊かなものを持っていたが、それをある環境のなかで喪失したり、破壊されてしまった。その修繕のために血道をあげ、文明と称していろいろなものを作為してきた。本能が完全に機能していれば、生甲斐とか人生の目的などは不必要である。しかしそれが破壊されてしまった人間は、生甲斐や人生の目的なしでは生きられない存在となってしまったのである。

梅棹は老子をひっぱりだし、次のようにのべている。

「老子には『生きがい』のかんがえはないです。生きがいのそもそもの否定から出発しているんだとおもいます。人生の目的化とか、そういうものも全部ないです。目標があってそれに対して努力するという、その努力がそもそもない。むしろ、そういうことは悪だというふうになっている。有用なこと、役にたつことは、つまらぬことだということになっている。…（略）…役にたたないことこそ一番いい生き方なんだ。役にたつということをいかに拒否していくか、ということですね。これは、わたしはたいへんえらい思想だと思う。」（同上書、八九頁）

人生には意味などない。生れてこようと、死んでゆこうと、一切なんの意味もない。生も死も無意味だという。

梅棹は『荘子』のなかにある「櫟社の散木」という話を持ちだしている。

大工の棟梁である石という人が、弟子たちを連れて旅をしているとき、曲轅という地で社にそびえる大木を発見した。弟子たちはその木の大きさに驚き、称賛した。しかしなぜか棟梁は弟子たちの声を無視した。不思議に思った弟子たちは、その理由をたずねた。棟梁は次のように答えた。

「石は答えた、『やめろ。つまらないことを言うでない。あれは役だたずの木だ。あれで舟を作ると沈むし、棺桶を作るとじきに腐るし、道具を作るとすぐ壊れるし、門や戸にすると樹脂《やに》が流れ出すし、柱にすると虫がわく。まったく使い道のない木だよ。まったく使いようがないからこそ、あんな大木になるまで長生きができたのだ。』」(『荘子』第一冊〈内篇〉金谷治訳注、岩波書店、昭和四十六年、一三六頁)

徹底的にこの大木を棟梁は軽蔑したのである。その夜のこと、棟梁の夢のなかに、この大木の精霊が登場し、次のように語ったという。

「棟梁の石が(旅を終えて家に)帰ると、櫟社の神木が夢にあらわれて、こう告げた、『お前はいったいこのわしを何に比べているのかね。お前は恐らくこのわしを役に立つ木と比べているのだろう。いったい柤や梨や橘や柚などの木の実や草の実の類は、その実が熟するとむしり取られもぎ取られて、大きな枝は折られ小さい枝はひきちぎられることにもなる。これは、人の役に立つとりえがあることによって、かえって自分の生涯を苦しめているものだ。だから、その自然の寿命を全うしないで途中で若死にすることにもなるわけで、自分から世俗に打ちのめされているものなのだ。』」（同上書、一三八頁）

日本人の深層心理のなかにも、怠情願望というものがある。多忙を美徳と教えこまれ、強制された労働のなかからは、構想力とか、新しい発見は生れることはない。『御伽草子』のなかに登場する「物くさ太郎」などは、その生活原理を、働きたくない、何もしたくない、常に休んでいたいというところにおいている。

二宮金次郎的禁欲労働というようなものは、権力によって、ある時期に作為された面が強く、本来日本人が持っていたものとは大きくかけはなれていたものではなかったか。

近代以後、道徳的に否定されたもののなかに、むしろ新しい時代をきりひらいてゆく価値のあるものが存在しているかもしれない。それを反文明的価値と称してもいいかもしれない。

近代文明、つまりヨーロッパ文明の発達を支えたものは科学であり、技術であるが、それと同時に、労働、禁欲、競争の原理であった。「時は金なり」の思想が謳歌された。この近代文明を無条件に肯定し、賛美し、推進してゆこうとすることによって、人間の持つ本質的エネルギーが枯渇し、破壊されてゆく道すじがあることを考えてみる必要が

ている。

多田道太郎は、「物くさ太郎」や「三年寝太郎」などにふれて、次のような発言をしている。

「勤労思想は昔からえんえんとつづいて民衆のなかにあるのではなくて、ある時期に権力者なり、資本家なりによって、強力に植えつけられた一時的な思想である。むしろ、その底にあるもの、あるいはそれ以前にあるものは、なまけている者こそ神はよみしたもうという思想だ。おれたちはほんとうは働かなくてもいいんだ、働かないことこそユートピアだ、という考え方が、物くさ太郎をささえてきたし、民話の三年寝太郎もまったく同じ思想に貫かれていると思うのです。」(『物くさ太郎の空想力』角川書店、昭和五十五年、一八〇頁)

私は労働というものが、無意味だとか、無価値だといっているのではない。人間は自分の生命体を維持するだけでも、労働は避けられない行為である。しかしこの行為はあくまでも経済的価値に限定されるべきもので、それがそのまま文化的価値であったり、総合的価値であったりするのは、労働の過大評価であり、労働の神格化である。

人間というものは、多様な価値のなかで生存している動物である。価値を一元化するということは、人間本来の生き方を萎縮させ、衰弱させてしまうことになる。

豊かな社会とは、いったいいかなる社会をいうのか。そして人間の幸せとはどういうことか。多くの富や権力を持って多くの人を支配し、欲望のままに生きる生き方が真の幸福なのか。そうではなかろう。多様な価値のなかで人はそれぞれ魂の救済を求めている。それを容認してくれるような社会が真の豊かな社会であろう。

いかなる時代が到来しようと、私たちは『女工哀史』の「結び」にある細井和喜蔵の次の発言を忘れてはなるまい。

「彼女の生活を生活だと思ふ者があったら、それは言ひやうのない冷血児だ。彼女に運命をさとす宗教家があったら、それは団扇太鼓叩いて大道を歩く千箇寺詣りと同じじゃないか。彼女達を取り残して我れ独り先へ進まふとする同胞があったら、それは己れよがりの憎むべき個人主義者であってブルジョアジーと何等選を異にするところがない。……(略)…労働とは永遠に苦痛と嫌厭の連鎖である。某外人の言った如く実に工場は『緩慢なる殺人剤』でなくして寧ろ屠殺場なのである。」(『女工哀史』岩波書店、昭和二十九年、三九八〜四〇〇頁)

主要参考・引用文献

今村仁司『近代の労働観』岩波書店、平成十年
大河内一男『黎明期の日本労働運動』岩波書店、昭和二十七年
沢史生『閉ざされた神々』彩流社、昭和五十九年
ポール・ラファルグ『怠ける権利』〈田淵晋也訳〉平凡社、平成二十年
梅棹忠夫『わたしの生きがい論―人生に目的があるか』講談社、昭和五十六年
『荘子』〈金谷治訳注、第一冊（内篇）〉岩波書店、昭和四十六年
多田道太郎『物くさ太郎の空想力』角川書店、昭和五十五年
細井和喜蔵『女工哀史』岩波書店、昭和二十九年

三　大学の教養教育

昭和二十四年のことであるが、林達夫は次のような発言をしている。

「大学の教師でいちばん滑稽なことの一つは、性懲りもなく四月の学期始めになると学生のことごとくが本格的な知識的熱意に燃え学問の蘊奥を極めようとして教室に集まってくるという錯覚に陥ることである。」（「十字路に立つ大学」『林達夫著作集』〔6〕平凡社、昭和四十七年、一六五頁）

この林の発言を聞いて、今日の大学教師、また、学生はどう思うであろうか。

この発言は林達夫クラスの人間にして、はじめていえることであって、今日の多くの大学教師の場合、このような錯覚に陥いることは、まずないのではないか。

むしろ、優秀な学生たちこそ、大学教師に期待し、教室に集まるが、教師の実力のなさに愕然としているのではないか。

今日、大学の数は正確に調査したことはないが、膨大な数にのぼっている。定員を満たしていない大学の数も多い。学生募集停止とか大学の崩壊が現実の問題として浮上している。

このような状況のなかで、いろいろな大学教師がいろんな場所で蠢動している。かつて、いわゆる社会常識といわれるものは欠落していても、一つの学問領域においては他の追随を許さないものを持っているということで、世間は常識はずれのこの人たちも、大学にいる社会人としてこれを容認するという雰囲気があった。

いまは違う。学問的実力もなければ、社会常識もない、なにもない人間が大学教師としてあふれている。これは痛々しい社会病理現象である。

川成洋が面白い発言をしている。

「過去五年間で自分の書いたもので活字にしたのは、せいぜい年賀状だけといったオソマツを絵に描いたような無能な教授たちが、ゴマンといるからである。」(『大学崩壊』宝島社、平成十二年、一二頁)

それでも、なにか書かねばと思って書くのが、いわゆる大学の「紀要」論文というものである。この「紀要」というものについて、川成は次のように蔑視している。

「大学教員の論文は、通常、『紀要』という耳なれないタイトルの逐次刊行物（雑誌）に発表されている。…（略）…それでは、年間三千点近くも刊行される『紀要』は、学問的にはどの程度のものだろうか。一般的に『紀要』論文は通常のレフェリー付き学会誌と異なり、厳粛な審査を通過して掲載されるものではないこと、編集は執筆者の同僚が輪番制のようなもので交代することもあって、…（略）…おおよそ『読む時間が惜しい』というところであろうか。おそらく、『紀要』論文をちゃんと読了するのは、その執筆者本人が自分の論文を校正するに際してくらいであろう。」（同上書、一三〜一四頁）

このような論文を何本か書いて教授になった先生たちが昇格基準をつくり、それに基づいて審査するというのだから面白くないわけがない。いやしくも論文と名がつけば、その論文が、いつ、どこで、誰に、どのような評価を受けているかが問われなければならないはずである。

大学はいったいどうなるのか。

ところで、日本の大学はどのような状況下で生れ、育ったものか。一言でいえば、近代化の過程で生れ、数々の試練に遭遇してきた。大学が時流から超然としていなければならないなどということは幻想でしかない。

近代国家形成のために貢献することをもって、大学の任務としてきたのである。

周知のように、ヨーロッパ列強に遅れをとっていた日本は、列強に追いつき、追い抜くことが焦眉の課題であった。

富国強兵、殖産興業がスローガンとなり、福沢諭吉のいう「脱亜」が日本の進むべき道となった。

明治十八年に福沢は「脱亜論」を書いたのはよく知られているが、彼は隣国の開明を待っている暇はなく、それらを脱してヨーロッパの文明国と共に進むべきだと説いた。

彼はこの文明のことを「麻疹」と呼んでいる。この流行性の強い「麻疹」の侵入を防ぐ方途を、いまの日本は持っていない。ならば、一度この病気に罹って、そしてこの病気の雰囲気になれるのがよいという。

そのことが最善の道であったかどうかは別として、そのような方向に日本は舵を切ったのである。この瞬間から日本にとってアジアは近くて遠い国となった。

異常なスピードで近代化を余儀なくされた日本は、焦眉の課題として、優秀な官僚の養成と産業、軍事を含む技術者養成がかかげられた。

この目的に沿った知識と技術が最優先され、大学の使命も、またそこに置かれることとなったのである。

このとき、すでに日本の大学の役割と限界は明確になっていた。この大学の進路にたいし、若干の批判、疑問の声はあったが、強大な国家権力でもって、それらは弾圧、粉砕されていった。このような大学の使命は太平洋戦争終了まで続くことになる。

この戦争が終わり、日本の大学は新しい使命をおびることとなった。

これまでの軍国主義、国家中心主義的流れは中止となり、大学教育の基本理念は、人格の陶冶に置かれた。国家のために忠誠を誓うエリート養成ではなく、豊かな人間性を身につけた市民養成が、最大の目標となった。

日本は昭和二十年八月十四日、ポツダム宣言を受け入れた。米英の署名で、中国の同意をえたもので、三国の首脳が対日共同宣言を発したのである。

日本軍の武装解除、連合国の日本占領、日本領土の制限、戦争犯罪人の処罰、民主主義の強化、基本的人権の尊重などがその内容であった。

教育の世界も、軍国主義的、国家主義的色彩が一掃され、基本的人権の尊重を柱とした新生日本の礎となるものでなければならなかった。

高等教育に関しては、旧制大学の根幹をなしていた専門的、職業的エリート養成が大きく後退し、人格の陶冶、人格の形成のための人文的教養的なものが前面に押し出され、拡大され、注視されるようになった。

国家主義的なものから、市民中心型への発想の転換であった。

特に注目すべきは、大学における「一般教育―人文・社会・自然」という領域の設置であった。

昭和二十二年に大学基準協会というものが生れた。

この協会は四十六の大学の発起によって創立されたものである。

昭和二十六年九月には、この協会は「大学に於ける一般教育――一般教育研究委員会報告―」を公にしている。

この報告書は、「緒論」、「人文科学」、「社会科学」、「自然科学」から構成されていて、内容の主旨は、新制大学創建に向けての熱い思いが満ちあふれている。

旧制大学が専門領域、職業教育に重点が置かれ、狭く深くという点に主力がそそがれていた。したがって、特殊な職業人としては有能な人材が育ったかもしれぬが、真に教養ある人間として、識見のある人物を養成することにはなっていなかったという。

旧制大学においても、教育の基本的理念としては、人格の陶冶ということが謳われてはいたが、そのことが軽視されたのはなぜか。この報告書の「緒論」にはこうある。「大学の目的が明示されているのに拘らず何故大学の教育が単なる専門（職業）教育に堕したのであろうか。これは、従来の日本にあっては先進国の欧米文化に追従するのに急であって、特殊な専門知識や技能を有するものが社会に重宝がられると共に、優れた専門知識を有する人は人間そのものまで秀でているかの様に自他ともに錯覚を起し、そのために、特に人間の完成という問題を深く掘り下げて考えるということを忘れてしまったところに根本的原因があると思われる。」（『大学に於ける一般教育』大学基準協会、昭和二十六年、七頁）

戦後になり、新生日本に対応すべく、新制大学は、一般教育の設置を最大の特徴として、スタートすることになった。

この一般教育と専門教育との関係は、重大な問題として引き継がれてゆく。両者の関係は複雑怪奇な問題を保持しつつ、ついに解決されることはなかった。

新制大学における一般教育の理想は、どこまでも理想であって、協会がねらっていたことは戦後教育の幻想でしかなかったのである。

最大の誤解は、一般教育が専門教育の基礎であり、入門であるという認識であった。

これほど大きな誤解はなかったが、このことが平然として年月を重ねていった。この二つの関係は常に主と従の関係、上と下の関係として存続していった。

本来基準協会は次のような指摘をしていたのである。

「新制大学に於ける一般教育は、このような意味の準備教育としてのものでは全然なく、それ自体としての完結性をもった教育である。…（略）…従ってまた一般教育は専門教育に対して一段低い教育というような意味あいのものでは全くないことも明らかである。即ちこの点では両教育の間に段階の高下や価値の優劣はなく、共に大学教育の不可欠的な二要素として、同等に重要視され、待遇さるべきものである。」（同上書、二一〇～二一一頁）

この協会の高邁な理想がありながらこうした誤謬が生れる一つの原因は、旧制の高等学校教育と新制大学の一般教育を同じものとみることからくるものであるという。

一般教育が専門教育の基礎であり、入門であるという立場に立てば、「理工系学部」のなかでは、自然科学系の教養科目が尊重され、「文科系の学部」では人文・社会系の科目に重点が置かれるということになる。

あってはならないことが、スタートの時点より生じていたのである。

この誤った理解、認識によって、一般教育の担当者はどれほど痛い目にあったことか。こうした弊害を是正しようとして、「一般教育学会」（大学教育学会）が設立され、それなりの努力がなされてはきた。特に教養部を持っている大学にとってはきわめて深刻な問題であった。いつまでたっても、この問題は解決されることなく、学部教員と教養部教員との間に、どうにもならない格差が生じ、それが拡大することとなった。

教養部に所属する教員は、語学、体育を除けば大教室で何百人という学生を相手に授業を担当するだけの勤務で、その他の業務はほとんどなしというところから、教養部教員を「ボーナスつきの非常勤講師」と揶揄、嘲笑する空気さえ生れた。

多学部を擁する大学で教養部を持つ大学の場合を考えてみる。例えば、A、B、Cという教授は教養部所属だとする。A教授は法学部の社会学担当、B教授は経済学部の地理担当、C教授は医学部の文学担当といった具合である。

それぞれの学部教員が担当できる一般教育科目は、教養部教員には担当させない。例えば、法学部の法学とか憲法はそれが一般教育科目であっても、法学部の教員が担当する。つまり、学部教員が優先して担当し、担当しきれない場合に、教養部教員に譲るといった具合いである。

教養部が一般教育の理念などを持ち出そうものなら、各学部がよってたかって潰しにかかる。学生は学部の学生であるから、学部の方針に沿って教育をしてもらうということである。一般教育の理念など、はじめから、あってはならなかったのである。

ウソのような本当の話がある。教養部の教員が群を抜く研究業績をあげ、その仕事が国内外で広く、高く評価されても、その大学の内部では通用しないという話である。「彼は教養部教員だから」という理由がすべてなのである。

そもそも、一般教育と専門教育との間には、このような差別があろうはずはない。新制大学の出発はそうであった。両者は車の両輪のように、二つで一つであって、優劣がつけられるものではなかった。

大学基準協会はこの両者の有機的関係について次のような提言をしていたのである。「新制大学は、教養と職能とが遊離せず、渾然と合一せる人間を社会に提供せんとするものである。しかしこの目的を達するためには、人間的教養に富むよき社会人の育成を直接目標とする一般教育と、有能な専門家乃至職業人の養成を目的とする専門教育とが遊離もしくは機械的に対立せず、やはり互に浸透し合って有機的に総合されてあることが大切である。」(同上書、二二頁)

一般教育と専門教育とは、けっして相対立したり、矛盾したりするものではなく、お互いに補いあって、はじめて新制大学の教育は存在するのである。しかし、専門教育の評価ばかりが拡大し、一般教育は専門教育にとって不要なものであるばかりか、その教育を阻害するものであるとの極論も生れていた。

このことは大学内部の問題に限定されることではなく、一般の社会通念として、一般教育などは、いかほどの実用的、実利的価値があるのかという素朴な疑問が日本の近・現代社会には充満してきたのである。

学部の教員にしてみれば、四年間をすべて専門教育で埋めたいところであるが、文部省が枠をきめているので仕方なく、一般教育（語学・体育を含む）を認めているとの大きな誤解がスタート地点から存在していたのである。

一般教育の大学における積極的意味や地位に関して、どれほどの大学が、また教員が真剣に検討したであろうか。基準協会の提言にどれほど真摯にこたえたであろうか。

大学の設置基準が存続しているかぎりにおいては、それでも、人文、社会、自然、外国語、保健体育の必要単位が義務としてあった。仕方なくそれをこなしていたというのが、大部分の大学の実情であった。

大学基準協会がかかげた一般教育の理念の崇高さと現実は大きくかけ離れたまま存続していたのである。

一般教育担当者も大学自身も努力を怠ったままであった。

一般教育を真に実りあるものにするためには次のようなことが前提として熟慮されていなければならなかったはずである。

1、一般教育担当者にふさわしい教員は、ベテランの教員でなければならなかったが、現実には大半の担当者が未熟な若手教員であった。

2、一般教育担当者の所属する組織は、他の学部を超え、大学直属のものにすべきではなかったか。その組織には、教育、研究の実績のある実力者がはじめて所属できるものとし、すべての教員が羨望の念を抱くようなものにすべきであった。

3、高等学校で学習していた科目名（数学、物理、化学、生物など）は使用すべきではなかった。

4、一般教育科目の履修年次を、一、二年次に集中するのではなく、科目の性格によって検討すべきであった。

5、一般教育の受講生の人数を、可能な限り、少数にすべきであった。専門科目の受講生との間に大きな差があってはならない。

6、専門科目名と一般教育科目名とが同一の場合、(例えば法学部の「政治学原論」と一般教育科目の「政治学」) その違いをどの点に置くかなど、法学部と教養部との合同研討会が必要であった。

このような点を十分考慮すべきであったが、私はさらに、「教養」という問題を考えるにあたって、いくつかの提言をしておきたい。

A、教養を身につけるということは、心の豊かさを養うと同時に、権力に敗北しないという意味を持っている。国家権力というものが、強制的に、抑圧的に押しつけようとする「人間像」にたいする抵抗が教養にとって大切なものである。人生の価値とか意味といったものを国家やそれに類する組織団体などによって強制されてはならない。そのことを見抜く力が教養の一つの役割である。

国家というものは常に真の教養を嫌っている。それは教養が国家権力の真相を見抜く力を持っているからである。藤原正彦がこんなことをいっている。

「教養層を潰すことは、軍国主義国家や独裁国家における常套手段です。教養層は、権力の理不尽を見抜き、批判し、抵抗する。少なくとも素直に服従しない人々です。権力層にとって始末に負えぬ輩と言えます。真先に排除しようとしたのはドイツや日本だけではありません。どこの国であっても、強権的政府にとって教養層は常に目の上のたんこぶなのです。」（『国家と教養』新潮社、平成三十年、一二七頁）

権力に従属する道徳や倫理が横行する時代、この風潮に抗してゆくための強力な教養が必要となる。

B、科学技術文明の発達がもたらした人類への貢献には、はかりしれないものがある。しかし、そこにはそのことが持つ限界と陥穽があることも同時に認識しておく必要がある。

この科学技術文明の暴走にブレーキをかけることのできるものは教養である。この文明の危険含みの進歩を正常だと判断してやまない風潮に鉄槌を打ちおろし、人間の自然性を取り戻さねばならない。ブレーキがなく、アクセルだけの車がどれほど危険であるかを考えてみてほしい。

科学技術の進行が人間の幸福推進と等価であるという考え方が、大きな間違いであることを指摘することが真の教養である。

生産という行為も、それに絶対的価値を置こうとすると、それは腐敗し、次々と病理を生むことになる。

近代以降、この経済的価値に限定すべき生産行為に高い地位が与えられ、美化され、聖化され、神格化されていった。その方向に協力できる人間のみが評価され、それに役立つ学問のみが重宝がられてきた。

短期で実用可能な学問が尊重され、大学教育も、その方向に走ることになる。

そういう状況のなかで、成果のあがらぬ教養は捨てられる運命にある。

この激しい動きに強いブレーキをかけてゆけるのは教養を除いてはない。

C、老荘の思想が、いかなる時代背景のなかから生れたかについては言及しないが、この役に立たないことをもって「良」とする考え方は、教養の問題を考えるうえで、極めて重要な意味を持っている。

役に立つことが人生の目標であったり、生き甲斐であったりすることはつまらぬことだというのが老荘の哲学である。役に立つということの裏には大きな陥穿があるという。

国家や企業というものは、生き甲斐や人生の目標を作為し、国家、企業の都合に適合する人間を育成しようとする。

切磋琢磨するとか、鎬を削るといった競争原理、成果主義、市場原理が人の道であるかのような道徳、倫理がつくられているが、これで人間がどうなるのか。

生産活動という行為が、中心的価値として固定されている社会のなかで、多忙であることは美しく、聖なることであり、絶対的価値として存在する。

そのことが人間の営みのあらゆる領域にあって、前提となっているかぎり、教育の目標は徹底的労働強化の方向に向い、無為、怠惰、遊びは絶滅の方向に追いやられる。

この生産力至上主義、成果主義などにたいして、ブレーキをかけることのできる強い教養というものが、今日ほど必要とされていることはない。このような強力な武器としての教養を、日本の近代は持ちえたであろうか。残念ながら持つことはなかった。

D、人間の基本的生き方としての儒教的道徳がくずれてゆくなかで生れたのが大正教養主義である。儒教道徳の基本は、型であり、規範であった。こういうものがくずれかかったのは、日露戦争後のことである。

日清、日露の戦争において日本は勝利の美酒に酔い、国全体が弛緩状態となった。勝利したにもかかわらず、民衆の生活は向上することはなく、個人の国家への不信、不満は蓄積していった。個人の関心は国家から私的なものに移り、本能的なものの解放、そしてその対極にあった型、規範の無視、打破の動きが活発化した。修養にかわって教養が浮上したのである。

型、規範、拘束を嫌った教養派は、自由、解放をほしいままにして、洋の東西を問うことなく、読書三昧に耽ったのである。

拘束がなくなり、型がなくなり、どのような姿であろうと、頭のなかで理解すればそれでいいのだという型のない教養がもてはやされた。

しかし、この教養はいわば甲羅のない蟹のようなもので、外部の攻撃、圧力にたいし、なんら防御する手段を持たない。

この型のない教養派にたいし、従来の儒教的なものとは違う絶対的型が襲うことになる。軍隊がその一例である。

「昭和六年の満州事変勃発以来敗戦にいたるまで、日本は右の方向に進んだ。軍がいつもイニシアルをとった。彼等は機械的に天皇を絶対化した。国家を絶対化した。統帥部を絶対化した。さうして自己自身を絶対化した。その絶対化は機械的であった。鷗外の示した知性の跡も、思慮の経路もみられなかった。軍の絶対化の前に政治も文学も萎縮しまたは追随した。何故にさういふことが簡単に行はれえたか。軍が型をもってゐたか

らである。或はむしろ型そのものであったからである。」（唐木順三『新版・現代史への試み』筑摩書房、昭和三十八年、七一頁）

軽蔑されようと、嘲笑されようと、軍には確たる型があった。微動だにしない型があったのである。大正教養主義にはそういったものがなかった。知的に生きることで軍の型を軽蔑していたのである。知的相対主義に軍は敗けない。心中で軽蔑しながら、軍や国家の前に教養は簡単に敗北を喫した。

型に抗しえない教養が、おめでたい知識人の遊戯の域を出ることなく、いかに脆弱なものであったかを私たちは知らねばならない。

新制大学の大きな目玉の一つであった一般教育（＝教養教育）は、高い理想をかかげ、新しい理念のもとに出発はしたものの、成果はあがらなかった。

職業に結びつく専門的な学問が優先され、教養は一歩一歩後退し、教養教育を担当していた教養部も壊滅状態となる。危惧していたことが現実となり、教養は霧散していった。

こうなる理由は種々あったが、この型の非在ということは大きいと思う。

新制大学の一般教育は、型のない教養が中心となっていた。封建的呪縛からの解放、戦時中の軍国主義からの解放の叫びはあったが、かつての大正教養主義がどれほど脆弱なものであったかについての反省はなかった。

主要参考・引用文献

『大学に於ける一般教育』大学基準協会、昭和二十六年
藤原正彦『国家の品格』新潮社、平成十七年
藤原正彦『国家と教養』新潮社、平成三十年
唐木順三『新版・現代史への試み』筑摩書房、昭和三十八年
川成洋『大学崩壊』宝島社、平成十二年
加藤周一・ノーマフィールド・徐京植『教養の再生のために』影書房、平成十七年
筒井清忠『日本型「教養」の運命』岩波書店、平成七年
『林達夫著作集（6）』、平凡社、昭和四十七年

四　「ヒューマニズム」という偽善

勝田吉太郎は、近代科学の発達と〝神なきヒューマニズム〟の関連について次のようにのべている。

「近代科学の発達は、人間のさかしらな知性を増長させ、神の摂理とか仏の大慈大悲とかいったある大いなる力の存在を忘れさせるに至った。科学の力によって人間は、思いのままに自然を征服支配し、この世を作り直して人間の幸福を実現できると自負するようになった。それとともに、次第に神の超越的な摂理への信仰は掘りくずされていき、〝呪術からの解放〟とか、〝世俗化〟とか、〝とめどなく進行する生の合理化過程〟とかいったことばで特徴づけられる近代世界が開幕することになった。換言すると、人間が神の摂理や大いなる存在の隠された意志から自分自身を解き放ち、自分で自分の進路を自主的に決定する力をもつと宣言する〝世俗的人間中心主義〟ないし〝神なきヒューマニズム〟は、近代科学のめざましい成長と手に手をとってたち現れてきたのである。」

（『民主主義の幻想』日本教文社、昭和六十一年、七七～七八頁）

この勝田の発言は重くて深いものがある。近代科学の発達ということを、人間の進歩向上に直接的に結びつけてしまう人間の傲慢さへの警鐘を鳴らしているのである。「大いなるもの」の力を神や仏と呼んでもいいが、その存在を忘れたヒューマニズムの危険性を彼は説いているのである。善悪、真偽の規準を人間の都合に合わせて作為することの危険性のことである。

人間が人間だけを愛し、尊重することが、他の生物をどれほど犠牲にし、また、神をも冒瀆することにつながることになるか、人類は猛反省をする必要がある。軌道をはずれた我執と極大化した自我への反省である。

このことを理解している人は少ない。清沢満之などは例外中の例外である。清沢も一度は近代的「知」というものを自分のものにするまで、懸命に西洋哲学を研究し、人間生存にかかわる種々の問題を考えぬいた。東京大学でフェノロサに出会い、ヘーゲル、カント、フィヒテ、スペンサーなどについて学んだ。とくにヘーゲル哲学との邂逅は清沢にとって大きな意味をもっている。

一時、清沢は理詰め、つまり理屈でどこまでも改めてゆくという方法を学んだのである。

しかし、やがて自分というものの無力、無能、無功に気付くことになる。強力な自我、自力というものを一度は自分のものにしたが、それを押しすすめることが誤りであることに気付くのである、精神世界における自我との格闘史を演じることになる。

自力の無力に気付き、絶対的非利己主義を決意するにいたる。如来という「大いなるもの」にすべてをあずけ、自分を殺すことになる。

「生かされてある」という謙虚さのなかに真の人間愛があることに到達したのである。

勝田は続けて次のように語る。

「まだ初期のヒューマニストたちは神とその権威によって裁可される道徳律を暗黙裡に承認していたのである。…（略）…ところが、十八世紀にいたって〝啓蒙的理性〟の輝きに眩惑された近代人は、神の権威と摂理信仰をきっぱり拒否し、現世の価値をそれ自体のために承認するようになる。今や人々はたれの力も借りず、自分だけを尺度として自分を計りはじめ、自分によって自分を肯定するようになる。目もくらむような自然科学の威力が、そういう人間の傲慢を増長させたことはいうまでもない。ここにいたって

登場するのは、〝世俗的ヒューマニズム〟ないし〝神なきヒューマニズム〟にほかならない。」（同上書、八六～八七頁）

自然界の一員として生きる人間の謙虚さを忘れず、〝大いなるもの〟にしたがって生きることを自覚していた数少い知識人として清沢満之をあげたが、いま一人私たちは大切な人をもっている。それは宮沢賢治である。彼の詩や童話からは人間の傲慢さを見ることはできない。

日本近代が絶対的価値として目標にしたヨーロッパ近代文明の尊大さを告発する人として賢治は生きたともいえる。近代文明の虚偽をあばき、その誤謬を指摘する。

賢治にとって、決定的に重要なことは、人間によって生態系が崩されてしまうのではないかということであった。大自然のなかで、人間が王様や主人公であってはならないのである。人間が人間だけを愛するというヒューマニズムを彼は認めない。生きとし生けるもの、すべてに神が宿り、その神に平伏して生きるのである。人間を自然から切り離し、自然界を支配する長としての地位を保障することをもって進歩発達とする文明史観を賢治はとらない。近代に生きる人間を諷刺した作品は多くあるが、「注文の多い料理店」などは、近代に生きる人間全体を諷刺している。

賢治の発表した童話の多くには、人間と他の生物との間に溝はない。すべて生命あるものは、宇宙の仲間として同一視され、それぞれが神の前で対等に存在する。主体性や自我の拡大が近代化にとって「正」であるとするならば、賢治はそれらの縮小をもって「正」とする。

梅原猛は、賢治の童話の世界に関してこのようなことをいっている。

「賢治は人間だけが世界において特別な権利をもっているとは考えない。鳥や木や草、獣や山や川にいたるまで、すべてが人間と同じように永遠の生命をもっていると賢治はみなしている。永遠なる生命を付与されながら争わざるをえない人間の宿命と、その宿命からの超越、それが賢治が詩で歌い、童話で語る世界である。」(『新版・日本の深層』佼成出版、昭和六十年、七〇~七一頁)

宇宙的秩序のなかで、大調和をとりながら、あらゆる生物は共に生かされ、それぞれの能力を発揮し「大いなるもの」の前で平等に生かされている。

人間が他の生物を犠牲にして、人間だけの幸福を追求することをヒューマニズムと呼ぶならば、それは人間世界にだけ適用するもので、それは人間のエゴであるにすぎない。そういう思いのなかで賢治は生きているし、そういう世界を描くことを仕事にしている。

賢治の作品の一つに「なめとこ山の熊」がある。なめとこ山は大きな山で、そこには多くの熊が住んでいるが、この作品は猟師と熊の話である。猟師の名は淵沢小十郎といって、熊の毛皮や胆を売って生活している。妻と息子は病に倒れ、九十歳の老人と五人の孫がいる。米も野菜もミソもなく、熊を撃って金にするしか暮してはゆけないのである。

撃つ、撃たれるという関係であるが、小十郎は熊が好きだ、小十郎の犬までが熊が好きである。熊もまた小十郎が好きだ。

ある日のことであるが、熊の母と子の楽しげな会話を聞いた小十郎には万感胸にせまるものがあった。

「小十郎はなぜかもう胸がいっぱいになってもう一ぺん向ふの谷の白い雪のやうな花と余念なく月光をあびて立ってゐる母子の熊《くま》をちらっと見てそれから音をたてないやうにこっそりこっそり戻りはじめた。風があっちへ行くな行くなと思ひながらそろそろと小十郎は後退《あとずさ》りした。くろもじの木の匂《にほい》が月のあかりといっしょにすうっとさした。」

(『宮沢賢治全集』〔7〕、筑摩書房、昭和六十年、六二一～六二三頁)

この作品の最後の部分に、人間が天からいただいた熊の霊を天にかえす熊祭りのかわりに、熊がこの猟師小十郎の霊を天上にかえす儀式を行っている場面がある。賢治は次のように描いている。小十郎が熊にやられて三日目の晩のことである。

「その栗の木と白い雪の峯々にかこまれた山の上の平らに黒い大きなものがたくさん環《わ》になって集って各々黒い影を置き回々教徒《フイフイ》の祈るときのやうにぢっと雪にひれふしたまゝいつまでもいつまでも動かなかった。そしてその雪と月あかりで見るといちばん高いところに小十郎の死骸《しがい》が半分座ったやうになって置かれてゐた。思ひなしかその死んで凍えてしまった小十郎の顔はまるで生きてるときのやうに冴《さ》え冴《ざ》えして何か笑ってゐるやうにさへ見えたのだ。ほんたうにそれらの大きな黒いものは参の星が天のまん中に来てももっと西へ傾いてもじっと化石したやうにうごかなかった。」（同上書、六九頁）

賢治が、熊に人間の霊を天に送る儀式をさせているところに、この物語りの一つの重要なポイントがある。熊を殺して生きてゆかねばならぬという修羅の世界を、今度は熊の犠牲になることによって、小十郎は超えている。

山も川も草も木も石も虫も死ねば仏になるというのは、仏教以前の縄文の思想である。縄文という土壌があればこそ、仏教もそのなかにすんなりと受容されたのである。

このことを理解している賢治は、近代人がはるか昔に忘却し、放擲してきたものを呼び戻すことができている。他の生物は賢治の仲間で、草や木や熊のつぶやきが同じ仲間として彼には聞こえるのである。

太古の昔、人間も他の生物も共に理解できる「共通語」を持っていたのかもしれない。そこには人間が人間だけを愛するためのヒューマニズムの世界などはない。すべての生きものが、それぞれの能力を発揮しつつ、すべてのものを愛する世界がある。

日本は、約一万年にもわたる縄文文化を持っている。賢治の故郷である岩手はこの縄文文化が栄え、長く継続した地域である。

あれほど農民の世界に深く入り込んでいたように見える賢治であるが、彼の童話のなかに農民の姿は希薄である。また、田畑に立ちつくす姿よりも、山を昇降する賢治の姿のほうが、よく似合いそうである。農民よりも山男に親近感を持っていたにちがいない。

彼は山男の心性の賛美者である。

柳田国男も一時期、山の神秘や山人研究に接近したことがある。彼は山人たちを、かつてこの日本列島を席巻していた人たちの末裔であるとし、彼らに同情しているかのようである。また、この列島に侵入してきた稲作人、平地人にたいし、激しい敵愾心のようなものを見せてもいる。しかし、その関心のありようは、真に山人の視点に立っているものとは思えない。同情や憐憫の情は多く見られるが、それは農本国家の内側に立った研究者の眼で、農本国家の要人が珍怪なものを見る眼であったように思う。

賢治は山男を客観視するのではなく、彼らと一体となって、まるごと彼らのなかに溶け込んで、その心性を自分のものにしている。賢治自身が山人であり、縄文人なのである。

岩手のみならず、東北の地は稲作を強要されることによって、悲哀の歴史の積み重ねを持っている。

水田稲作というものは、自然破壊の第一歩であった。人間と自然が一体化したのでは、稲作は成立しない。人間が自然を支配するという関係においてこそ稲作は成立する。やがてこの稲作がもてはやされ、その生産が唯一絶対の価値をもつものとされたのである。

縄文人にとっては、捕獲の対象物である動物も、近代人が思っているようなものではなく、それは尊敬に値するものであるし、神でもある。熊も鹿も猪も、獲物でありながら神である。その神を食することにより、その霊力が人間の体内に宿る。そこに祈りが生まれ、感謝の気持が発生する。縄文時代は宗教の時代であり、そこに生きる縄文人は純粋で敬虔な宗教人である。

賢治は山男を童話に登場させることによって、縄文文化の世界に自分を投げ入れた。視、聴、臭、触、味などの感覚を使いながら、自然がくれる美しさを飲みながら生きる山男は、賢治そのものである。

賢治をとりまく、すべてのものは神であった。神の前に縄文人も賢治も平伏していたのである。この神を人間が支配できると認識した瞬間から人間の傲慢と堕落が始まった。絶対者の権威を見失ったならば、善悪は相対的なものでしかなくなるしその場その場の力の関係によることになる。

人間が真に人間であるためには、人間をはるかに超えた大きな存在が不可欠である。いま一つ賢治の作品、「フランドン農学校の豚」を見ておこう。

フランドンという農学校で化学を学んでいる一年生が、豚という生きものは、生きた一つの触媒だという。どんな物を食べても立派な肉や脂肪を作ってくれる。豚は人間の言葉を理解できるから「この生徒の話を聞いて大変喜んだ。そして自分に自信を持ったし、幸福であった。しかし、この喜びはそう長くはつづかなかった。束の間の喜びであったのだ。それから二、三日たって、豚は投げこまれた食物のなかに、奇妙な物を発見した。それは、ラクダ印の歯磨楊子であった。

「豚は実にぎょっとした。一体、その楊子の毛を見ると、自分のからだ中の毛が、風に吹かれた草のやう、ザラッザラッと鳴ったのだ。豚は実に永い間、変な顔して、眺めてゐたが、たうとう頭がくらくらして、いやないやな気分になった。いきなり向ふの敷藁に頭を埋めてくるっと寝てしまったのだ。」（同上書、一三四～一三五頁）

それから畜産学の教師が毎日やってきては「鋭い眼で、じっとその生体量を、計算しては帰って行った。」（同上書、一三五頁）

豚は直感で自分の運命の恐怖を知るのである。豚の生命が断たれる前月、国王から一つの布告が発令された。それは、「家畜撲殺同意調印法」というもので、「誰《だれ》でも、家畜を殺さうといふものは、その家畜から死亡承諾書を受け取ること、又その承諾証書には家畜の調印を要すると、かういふ布告」（同上書、一三六頁）だったのである。

フランドン農学校の校長は、豚に爪印を押してもらおうと豚のところにやってきたが、第一日目は、その主旨を豚に説明することもできずに帰っていった。

二度目にやってきた校長は、万物の死の運命について話をした。この世に生を受けて生存しているものは、すべていつの日か死ぬ。馬でも牛でも魚でも、バクテリアでもすべて死ぬことがきまっている。校長はこの運命論を説いたのち、私たちの学校は豚諸君を可能なかぎり大切にしてきた。この学校くらい待遇のいい学校はない、そこで相談だが、私の小さな頼みを承知してくれないか、という。

「『ここに斯《か》う云ふ紙がある、この紙に斯う書いてある。死亡承諾書、私儀永々御恩顧の次第に有之候儘《これありきそうらふまま》、御都合により、何時《いつ》にても死亡仕《つかまつ》るべく候　年月日フランドン畜舎内、ヨークシャイヤ、フランドン農学校長殿　とこれだけのことだがね、』」（同上書、一四一頁）

校長の必死の説得にも豚は泣いて抵抗した。死が近づいてきていることを知って豚は、神経性栄養不良となる。

三度目にやってきた校長は、執拗に爪判を押せと豚にせまる。根負けした豚は、ついに校長のいう通りになってしまった。

神経性栄養不良で痩せてしまった豚を畜産の教師たちは太らせようとして強制肥育を試みるが、豚はそれをいやがる。いやがる豚にたいし、畜産の教師たちは、次のようなことを強要した。

「『さあ口をお開きなさい。さあ口を。』助手はしづかに云ったのだが、豚は堅く歯を食ひしばり、どうしても口をあかなかった。『仕方ない。こいつを噛《か》ましてやって呉れ。』

短い鋼の管を出す。助手はぎしぎしその管を豚の歯の間にねじ込んだ。豚はもうあらんかぎり、怒鳴《どな》ったり泣いたりしたが、たうとう管をはめられて、咽喉の底だけで泣いてゐた。助手はその鋼の管の間から、ズックの管を豚の咽喉《のど》まで押し込んだ。『それでよろしい。ではやらう。』教師はバケツの中のものを、ズック管の端の漏斗《じょうご》に移して、それから変な螺旋《らせん》を使ひ食物を豚の胃に送る。豚はいくら呑《の》むまいとしても、どうしても咽喉で負けてしまひ、その練ったものが胃の中に、入ってだんだん腹が重くなる。これが強制肥育だった。」（同上書、一四七～一四八頁）

豚の意思とは無関係に、無理矢理に豚の胃のなかに、どんどん体重を増やすためのものが押し込まれ、流し込まれた。豚の腹は次第にふくれ、重くなった。やがて風呂に入れられ、大きなブラシできれいに洗われた。そのブラシも、やはり豚の毛で作られたものであった。

豚は次のような最期をとげた。

「ちらっと頭をあげたとき、俄かに豚はピカッといふ、はげしい白光のやうなものが花火のやうに眼の前でちらばるのを見た。そいつから億百千の赤い火が水のやうに横に流れ出した。天上の方ではキーンといふ鋭い音が鳴ってゐる。横の方ではごうごう水が湧《わ》いてゐる。さあそれからあとのことならば、もう私は知らないのだ。……（略）……生徒らはもう大活動、豚の身体《からだ》を洗った桶《おけ》に、も一度新らしく湯がくまれ、生徒らはみな上着の袖《そで》を、高くまくって待ってゐた。助手が大きな小刀で豚の咽頭《のど》をザクッと刺しました。一体この物語は、あんまり哀れ過ぎるのだ。もうこのあとはやめにしよう。」（同上書、一五二頁）

豚を人間が殺すことによって、人間の存在があるという人間中心主義を賢治が、どう見ているかは明らかである。人間生存のために他の生物を犠牲にするという思想はどこからきたのか。いうまでもなく弱肉強食の、ヨーロッパ文明がその根底にある。

ヨーロッパ文明は、ヨーロッパにとっての文明であり、非ヨーロッパはその犠牲となってきた。

賢治はヨーロッパ文明にも造詣は深いが、それを超克するところで生きていた。

人間が人間を殺害すれば罪になるが、人間が豚を殺しても罪にならないのはなぜか。人間はすべて生れながらにして負わされている罪から逃れることはできないのか。洗礼によって許されるというなら、それこそ人間のエゴではないか、と賢治は問うているのである。

山川草木悉皆成仏、死んでしまえば人間も他の生物も、ことごとく仏になる。生きとし生けるものは、すべて平等であるとの思想が欠落したヒューマニズムなど、間違いなく人間のエゴで、権力者のエゴを正当化するものでしかない。賢治はこのことを知っている。

生れたときから仏教徒の家庭に育ち、縄文の風土が血として流れていた賢治が、盛岡高等農林学校の農場で、豚の屠殺や解体を見たとき、いかなる感情を抱いたであろうか。この「フランドン農学校の豚」を書いた賢治の真の気持が奈辺にあったかは明らかである。

大正七年五月十九日、賢治は親友である保阪嘉内に次のような手紙を書いている。

「私は春から生物のからだを食ふのをやめました。けれども先日『社会』と『連絡』を『とる』おまじなゐにまぐろのさしみを数切たべました。又茶碗むしをさじでかきまわしました。食はれるさかながもし私のうしろに居て見てゐたら何と思ふでせうか。……(略)…私は前にさかなだったことがあって食はれたにちがひありません。又屠殺場の紅く染まった床の上を豚がひきずられて全身あかく血がつきました。転倒した豚の瞳にこの血がパッとあかくはなやかにうつるのでせう。忽然として死がいたり、豚は暗い、しびれのする様な軽さを感じやがてあらたなるかなしいけだものの生を得ました。これらを食べる人とても何とて幸福でありませうや。」（保阪康夫・小沢俊郎『宮沢賢治・友への手紙』筑摩書房、昭和四十三年、七五〜七七頁）

豚や魚にかぎらず、人間が人間中心主義という傲慢さのなかで、犯した罪は数えきれない。人間によって、生命を犠牲にされる数多くの生物の悲痛な声を賢治は聞きとっている。彼にとってヒューマニズムは不要であり、危険なものであった。

賢治は小説など書くことは造作無いことだと思っていた。小説の存在を軽視し、愚弄し、童話を書こうとした。小説では書けない世界を童話でと思ったのである。大正期の児童文学は、大正デモクラシーの波もあって、子どもの個性開発という教育思想などが重要視されていた。鈴木三重吉の「赤い鳥」（大正七年創刊）は、その核ともいうべきものであった。しかし、この雑誌に賢治の作品は受け入れられなかったのである。賢治の書くものは、子どもの教育のためとか、子どもに愛されるものをねらったわけではない。近代ヒューマニズムや人道主義といったようなものを意識して書いた童話ではなかったのである。

梅原猛は「赤い鳥」と賢治の童話の関係について次のようにのべている。

「賢治の童話が当時の童話界の第一人者、鈴木三重吉のところへ持ち込まれたが、鈴木三重吉はどうにも賢治の童話を判断するのに困ったという話がある。おそらくそのとおりであろう。鈴木三重吉の童話が童話であるならば、賢治の童話は童話ではない。賢治の童話が童話であるならば、鈴木三重吉の童話は童話ではない。三重吉の童話はやはり近代人の世界観の上につくられているのである。そして近代人の読物として少年少女用に、彼は童話をこしらえたにすぎないのである。しかし、賢治は近代人の世界観の根底そのものに大きな疑問を投げかけるのである。そして近代人の世界観とまったくちがった世界観を、彼は童話のかたちで新しくこの世界に提出したのである。」（『賢治の宇宙』佼成出版社、昭和六十年、一五～一六頁）

近代ヒューマニズムの視点に立った〝善良な子供を育てる〟といったような世界とはまるで関係ない世界を賢治は泳いでいたのである。

近代世界にあっては、すべてのものが、分化、分割され、人間と動植物、主と客、支配と被支配が生れる。

賢治は、この近代化の嵐の前に立ちはだかり、大自然、宇宙のなかの原初の魂を呼び戻そうとしたのである。彼は現代に生きる縄文人である。太古の時代に、すべての生きものが使用していたであろう「共通語」が賢治には理解できたのであろう。この「共通語」がわからなければ、賢治の童話は読めない。鈴木三重吉の「赤い鳥」の精神で、賢治の童話は読めないのである。

地球に存在するすべてのものが、一体となって躍動する世界、それが縄文の世界である。それは近代が人工的に造りあげた諸々の文明を突きぬけている。ヒューマニズムというようなものは、この縄文の世界とは無関係である。賢治はそこに立ち、すべてを直感する。彼が生涯、ほとんど離れることのなかった東北の地には、縄文文化の鉱脈が長く残っていた。賢治はその風土の持っているものを、生涯にわたって、心中に宿し続けていた。そのことが、近代人が疑うことなく前提としているヨーロッパ文明を根底から疑うという強烈な情念になっている。したがって、彼は近代文明肯定者にとって、大きな恐怖をあたえる思想家ということができる。

梅原猛は、賢治を「危険な文学者」と呼んでいる。

「宮沢賢治は三島由紀夫が危険であると云う意味よりはるかに深い意味における危険な文学者なのである。…（略）…宮沢賢治の批判精神は現在地球上を支配しているヨーロッパ文明に対する東洋的な慈悲の精神からの強烈な批判なのである。三島の危険さは戦後日本を支配した市民的インターナショナリズムに対してある疑問符をなげかけ、反動の道を用意するにすぎないが、賢治の危険さは、何千年にわたる人類の文明に疑問符をなげかけ、そしてその文明の根本的変革によって新しい慈悲の文明を地上に提出させようとするものである。」(「宮沢賢治と風刺精神」『宮沢賢治』〈現代詩読本〉思潮社、昭和五十八年、一六〇頁)

人間が人間だけを愛し、大切にする思想がヒューマニズムであるとするならば、それは近代文明の驕りそのものであり、それは地球破壊の方向へ進むしかない。

主要参考・引用文献

勝田吉太郎『民主主義の幻想』日本教文社、昭和六十一年
梅原猛『新版・日本の深層』佼成出版社、昭和六十年
宮沢賢治『宮沢賢治全集』(7)、筑摩書房、昭和六十年
保阪康夫・小沢俊郎『宮沢賢治・友への手紙』筑摩書房、昭和四十三年
梅原猛『賢治の宇宙』佼成出版社、昭和六十年
福田清人・岡田純也『宮沢賢治』清水書院、昭和四十一年

田口昭典『賢治童話の生と死』洋々社、昭和六十二年
梅原猛「宮沢賢治と風刺精神」『宮沢賢治』〈現代詩読本〉思潮社、昭和五十八年
小沢俊郎『宮沢賢治論集』有精堂、昭和六十二年

五　ムラ（共同体）の評価

戦後日本の知識人とか文化人と呼ばれた多くの人が、日本に存在して、ヨーロッパに存在しないものは、それは封建的残滓で、日本になくて、ヨーロッパにあるものは、日本の近代化が遅れているから、いまだ日本には存在しないのだ、と日本を軽蔑することで、彼らはみずからの体面を保ってきたようなところがある。

ムラの存在についても、存在そのものが封建的残滓の一つとして否定的に評価することが、当然のことのように思われてきた。

ムラの存在と役割を肯定的にとらえることは、知的世界からズレていることを意味するという風潮が、学問の世界にも、ジャーナリズムの世界にもあったのである。

つまりこういうことである。ムラというものは、民衆を支配者が統括するための一つの手段としてつくられ、温存させられてきたもので、民衆はこのムラごと支配されてきたのだというのである。したがってこのムラの解体こそがムラの黎明を告げるものだということになる。

日本の近代化は遅れているから、ムラの内部では土地制度の矛盾や貧困が充満している。そういうものを残したまま、近代国家の形成のために、このムラを非政治的空間として美しい花園にしなくてはならなかったというのだ。

文部省唱歌で唄われてきたように、ムラは自然の美しさ一色にぬりつぶされていった。そこにはいかなる矛盾も確執もなく、秋風が吹き、鈴虫が鳴き、山は青き、水は清きふるさとがあるばかりであった。このような邪念なきふるさと、春風漂うふるさとのイメージを民衆はたたきこめられ、艱難辛苦を精神で乗りこえてきた、そのように騙されてきたのだと「知識人」たちは断言する。

ムラは山紫水明の別称となったという。そしてこのムラは、実は国家を根底から支える細胞で、すべてが国家に収斂されてゆくものだと評した。

国家によって、おだてられながらも、実は完全に閉ざされた社会で、その規矩は厳しく個人を束縛し、個人はムラのなかに深々と埋没し、身動きができないほど硬直化している。

したがって、このようなムラが解体されないかぎり、個人の自由も権利も生れることはないし、開かれた近代社会も生れないとする。日本の近代は、このような遅れたものを残しながらのもので、真の近代とは、ほど遠いものがあるとした。そこには、嘲笑があり、蔑みがあった。

政治思想史の世界で、画期的な業績を残した丸山真男などは、その代表的存在である。彼の主張の一部を引いておこう。

「同族的（むろん擬制を含んだ）紐帯と祭祀の共同と、『隣保共助の旧慣』とによって成立つ部落共同体は、その内部で個人の析出を許さず、決断主体の明確化や利害の露わな対決を回避する情緒的直接的＝結合態である点、また『固有信仰』の伝統の発源地である点、権力（とくに入会や水利の統制を通じてあらわれる）と恩情（親方子方関係）の即自的統一である点で、伝統的人間関係の『模範』であり、『国体』の最終の『細胞』をなして来た。」（『日本の思想』岩波書店、昭和三十六年、四六頁）

表面的には和気あいあいという雰囲気をかもしだしてはいるが、実はこの裏に個人を呪縛し、窒息させてしまう重い空気があるとした。これが天皇制国家を根底から支えているものだという。

この丸山とほぼ同じ立場に立っている人に、大塚久雄、神島二郎、藤田省三らがいる。藤田は天皇制の権力状況が、二つの異質なものから成立していると、次のようにのべたのである。

「すなわち一つは、国家を政治権力の装置（Apparat）乃至特殊政治的な制度として構成しようとするものであり、他は、国家を共同体に基礎付けられた日常的生活共同態（Lebensgemeinschaft）そのもの乃至はそれと同一化《アイデンティファイ》できるものとして構成しようとする原理である。」（『天皇制国家の支配原理』未来社、昭和四十一年、一〇頁）

続けて彼はこういう、

「維新以来の近代『国家』の形成が自由民権運動に対抗することによって漸く完成するに至ったこのとき、同時に、はじめて体制の底辺に存在する村落共同体（Gemeinde）秩序が国家支配に不可欠なものとしてとりあげられ、その秩序原理が国家に制度化されたのである。そうしてそれによって、権力国家と共同態国家という異質な二原理による、天皇制に固有な両極的二元的構成が自覚的に成立し、ここに天皇制支配のダイナミックスを決定する内部の二契機が形成されたのである。」（同上書、一〇～一一頁）

神島には『近代日本の精神構造』（岩波書店、昭和三十六年）という名著があるが、彼はそのなかで、天皇制国家の正当性の根拠を次の五つに置いた。神道主義、長老主義、家族主義、身分主義、自給自足主義である。

ムラにおける祭りが、ムラ人たちの情動的統合の役割に注目したり、記憶と体験に依存する社会にあっての、年令の高さに注目したりしている。

このような「主義」が、ムラを存続させるために存在したが、これらを巧妙に拡大再生産させていったのが、天皇制国家だと神島はいう。

この丸山、藤田、神島らによるムラの理解は、負の旧慣としてのそれであり、天皇制国家はこの停滞したムラからの栄養素を吸収していったと説いたのである。したがって、このムラの解体なしには日本の近代化の道はないとした。

戦後、論壇に登場した多くの知識人たちは、この丸山たちのムラ理解を自分のものとして、数々の主張を展開していった。

ムラは悪の温床で、この悪が解体しないかぎり、個人の判断も決断もなく、彼らは全体のなかに深く埋もれてゆくという結論に終始した。

このようなムラ評価が世間の常識となっていった。常識ほど恐ろしいものはない。ムラは遅れの象徴として、封建的残滓の象徴として弾劾されていった。逆に都会には自由があり、個人の自立のある近代社会であるとの単純な常識が蔓延した。

ムラにいる青少年少女たちは、このムラの厳しい拘束のなかで、一生を過すことになると思わされてきた。ムラは憎むべき存在として彼らの脳裏にやきついたのである。

私は丸山たちが、ムラのなかで実際に生き抜いたことがあるのかどうかは知らないし、そのことを問うこともしない。

しかし、この丸山たちを中心とした近代主義者と呼ばれた人たちのムラ理解は、余りにも、そのムラの停滞性のみを拡大して注目し、天皇制国家などに利用されないムラの一面を無視してきたのではないか、という思いが私にはある。

ムラは柔軟性をもってながい歴史を歩んできた。それは権力によって作られたものではなく、民衆一人一人の生き死に関するものの集積が根底にある。あるときは天皇制国家を支えてきたのも事実である。また、あるときは個人を助け、国家の攻撃に抗しつつ生きぬいてきた。次の守田志郎の発言は傾聴に値いする。

「封建の時代にあっては、領主権力による農民支配の仕組みの基礎的な部分に共同体がおかれていたと考えるのが、日本でのあるていどの常識である。封建社会の『社会的な基礎』という規定のしかたがそれにあたるわけであり、この規定が、あまりにもすなおに受けとめられているために、共同体は、あたかも封建体制のためにあるとされ、さらに、共同体があるゆえの封建制だということにさえなってしまう。…（略）…共同体は領主によって創造されたものでもないし、また、どのような強力な権力をもってしても、共同体というものは、人の意識してつくりうるものではない。」（『日本の村』朝日新聞社、昭和五十三年、一七五〜一七六頁）

この守田のいうようにしてできあがったムラであるなら、国家権力がどれほど巧妙に、ムラやムラ人を利用し、あるいは強権でもって、支配、掌握しようとしても、ムラには強固な防御の壁があり、そこで育った知恵でもって、ムラはムラ人を守ってきたという一面があることになる。

「隣保共助の旧慣」は、常に一方的に個人に不利益をもたらすものではなく、ムラ人を助け、ムラを救済、存続させる役割を果たしてきたのも事実である。

悠久の歴史のなかでムラは、幾多の失敗と犠牲を重ね、存続の危機に遭遇しつつも、その風雪に耐え、その危機を乗りこえ、生き残ってきた秘密はどこにあったのか。

耕作農民の悲しい日常性に触れたこともないような知識人たちに、ムラの本質認識を固定させてはなるまい。幻想といわれようとなんといわれようと、私はここで社稷というものに触れざるをえないのである。

社稷とは、古代中国で、天子が祭った土地の神と五穀の神のことであるが、人間存在の基本であり、至極である。社会生活の基本はこの社稷にある。

農本主義者と呼ばれる人たちは、牧歌的平和を強く希求する。工業化、都市化、官治化がすすむなかで、彼らは伝統的農耕社会に恋情を寄せ、憧景し、社稷の旗をかかげる。この旗にもっとも自覚的であったのは、権藤成卿らの農本主義者たちであろう。

この社稷を決定的に重んじたのは、草莽として生きた村上一郎がいる。彼は草莽についてこのようにいう。

「草莽はまた草茅《そうぼう》といってもよい。ともに草野、草むらを意味する。そうした草ぶかい辺りに身をひそめ、たとえ家に一日の糧《かて》なくも、心は千古の憂いを懐くといった趣の、民間慷慨の処士こそ、明治維新期に考えられた草莽の典型であったろう。威武も屈する能わず、貧賤も彼を移すことはできない、精神の自立者で、彼は存る。」（『草莽論』大和書房、昭和四十四年、二一〇〜二一一頁）

草莽は理性的であるとか、合理的であるとか、また、熱情と狂気を第一義とするとか、といったようなことを問うことはしない。そういうものを、すべて超えて、一人淋しく生きて、やがて死にゆく人のことを草莽という。
村上はこの草莽を、国家のために尽力する「草莽の臣」と厳しく区別している。草莽は、貧富の差や身分の違いなどは無視して生きるが、そうかといって世情に疎いというわけではない。腹のなかには常に毒も牙も宿していて、機が熟すのを待っているのだ。しかも、次のようなことにも耐えるのが草莽だと、村上はいう。

「たとえば志を得ず、一生晴耕雨読に明け暮れるとも、なおこころ屈するところなく、潔士としての生涯を終る決意こそ、草莽のものである。これは言うに易く行なうに難い道である。」(同上書、二二頁)

ときとして、草莽は激しい意気をもって、ふるい立たねばならず、強力でなくてはならぬが、しかし、彼の真の姿は、誰れにたいしてもやさしく、情にもろく、涙もろいのである。

四季おりおり草花の無償の行為に深く思いをこめ、詩や歌をつくる人のこころをこころとしなければならない。

絶望の影が強力にせまっていても、草莽は政治的かけひきのなかに出没してはならないのである。

世のなかの権力の動静に無関心でいるわけではないが、可能なかぎり、そのような世界からは遠く離れたところに、一人静かにたたずんでいるのである。

権力からも遠い地点に立っているが、民衆からも離れたところで生きぬくところに草莽の存在理由がある。

国家が民衆に強要する諸々の倫理や規範とは無関係なところで生きているため、草莽にとっては、ここにやっかいな問題が発生することになる。

それは当然のことであるが、自分を自分で律することである。草莽は自分が草莽であることを自覚する必要があるから、言動の基準をみずから定めなければならないのである。そのために数多くのものからその基準を探し、作成しなければならない。次のようなことが必要不可欠だと村上はいう。

「万巻の書が必要であるし、それに直向う自覚が明晰でなければなるまい。自己分析、自己省察ができなければならぬのである。常に『天地に負《そむ》かず』という自己確証を要するのである。」（同上書、三〇頁）

この草莽が、なによりも大切にしなければならぬと思ったものが、社稷だと村上はいう。

この社稷にもっとも自覚的であったのは、農本主義者権藤成卿であったことは前述したが、彼はこの社稷が人間の生存にとって、究極のものであり、生活の総称を示すものであるとのべた。

彼の名著の一つである『自治民範』（平凡社、昭和二年）によって、少し内容を見ておきたい。

日本という国の建立は、社稷が基本になっていると次のようにいう。

「社稷は国民衣食住の大源である、国民道徳の大源である、国民漸化の大源である、日本の典墳たる記紀に神祇を『アメツチノカミ』と訓せるは実に社稷の意にして、アメツチは天地、天地は自然である、其自然に生々化々無限の力がある、我国の建立は悉く社稷を基礎として建立されたものである。」（『自治民範』二五五頁）

日本は開闢以来ずっとこの社稷を伝統としてきた農本国家で、その根源は人間生活そのものを紡ぎだすもので、日本の歴史は社稷の歴史そのものだという。社稷をのぞいて日本を理解することはできない。このことはあらゆるイデオロギーを超え、近代を超え、国家そのものをも超えると権藤はいう。

国家と社稷の重さの違いを権藤は次のようにのべている。

「制度が如何に変革しても、動かすべからざるは、社稷の観念である。衣食住の安固を度外視して、人類は存活し得べきものでない。世界皆な日本の版図に帰せば、日本の国家といふ観念は、不必要に帰するであらう。けれども社稷といふ観念は、取除くことが出来ぬ。国家とは、一の国が他の国と共立する場合に用ゐらるゝ語である。世界地図の色分けである。」（同上書、二六一頁）

国家は便宜上のもので、社稷の方に重きを置いている。たとえ、国家が消滅したとしても、人間の基本的営みを包含している社稷は残るというのである。

人類生存の根源から見れば、人為的、人工的に作為されたものに、それほどの価値はない。便宜的に作為された政治的国家などは、社稷を基本とする自治社会に比較すれば、きわめて軽い存在である。

人間が依拠するところの原点ともいうべき社稷の重要性を忘れ、西欧の国家主義を模倣し、受け入れてしまったところに、近代日本の不幸があったと権藤はいう。

無政府主義者と呼ばれた岩佐作太郎が、国家というものは、「国」の寄生虫であるという。ここで、岩佐が「国」と呼んでいるものは、権藤の社稷を基本とする社会のことであろう。岩佐はこんなことをいっている。

「人類の社会生活は自然である。自由、平等、友愛はその基礎であり、源泉である。その社会生活の共同体である国をむしばみ、くいあらすものが国家である。国は国家にむしばまれ、くいあらされて荒涼、無残、修羅の巷化されている。されば人類の社会生活の本然の姿であるべき和親、協同、幸福、平和のものとするには、その寄生虫である国家をば廃棄し、国の上から払拭し去らねばならない。」（『革命断想』私家版、昭和三年、一七七頁）

岩佐は、国家と「国」の間には断絶があるとし、国家は無に化しても、「国」は残るという。

国家というものは、ある歴史的段階において、人為的に創造されたもので、「国」は、非歴史的なもので、人類永遠のものとの認識が彼にはある。

悪の根源ともいうべき国家の罪をあげればきりがないが、次のようなものだと岩佐はいう。

「国家なるものがどんな役割を演じたか。数千万の人命は犠牲にされ、幾億万の財貨は蕩尽されたのである。こんな手近な例によっても国家が如何に恐るべき残虐者であり、絶大な浪費者であるかがわかる。」（同上書、一七九頁）

岩佐が国家の存在に憎悪を持ったように、権藤も、絶対的存在である社稷をないがしろにした強権国家を憎む。この強権によって、民衆は隷属的地位に置かれ、生活権そのものを奪われてゆくこと必至であるとし、権藤はこういう。

「社稷を離れたる国家は、必ず吏権万能の国家にして、其民衆は権力者の奴隷となるのである、且つ民衆の生存すべき天与の物資は其アラユル階級的特権者に奪ひ去らる丶ものである。乃ち多数民衆は其偽善的施与、護身的慈恵等、不自然極まる恩義の重荷を負はねばならぬことになり、随て一般道徳が不自由なる標準を幻出する様になる。現代我国に於て、殊更窮屈なる忠孝説、若くは不合理なる秩序論が行はれて居るのは、社稷観の勦滅と認むべきものである。又た一般国民が其自治権威の廃頽に気付かぬ様になったのも、社稷観の勦滅を認むべきである。」(同上書、二六四頁)

この権藤の社稷観を、アジア的専制権力の補完物だとして唾棄する人がいるが、これはこれで一つの見識であって、注視する必要がある。

反国家、反中央を標榜する地方主義(地域主義)や自治主義というものが、じつは巧妙な国家支配の道具となる場合があることに、われわれは注意しておく必要はある。

春風駘蕩のような、ムラ社会が、非政治的環境を装いつつ、じつはムラ人の土着精神を骨ぬきにする政治権力の見えざる力になっているということを見逃してはならない。社稷も狡智にたけた政治権力によって、利用される危険性は常にある。しかし、だからといって、国家権力の支配の補完物が社稷のすべてであると断定してはなるまい。農業を主とした国家がその現実性を喪失しても、習俗として民衆のなかに残った衣食住と男女の関係は、時間を超えて、継承されているのではないか。

社稷の営みのなかで、大きな地位をしめるのは祭儀である。これはムラの精神的支柱となってきたものである。

それぞれの地域における祭儀を国家権力はときとして画一化し、統合しようとする。ムラの民衆の精神生活の収奪である。

それは人心が国家の方向から離れ、逆に反国家の空気が強くなってきたとき、とくにその収奪に国家は躍起になる。

明治国家がねらった神社合併政策がその一つである。

それぞれの地域における民衆は、祖先崇拝とそれぞれの地域に存在する氏神を中心に精神生活の支柱としてきた。

子供の誕生、人の死、困難に直面すれば、氏神様にお願いする。戦場におもむくときは、ここからスタートする。

この氏神信仰の存在にある時期、激震が走った。明治末期から大正にかけてのことである。明治国家は、神社合併政策という国策を強行したのである。

明治国家が合併の対象にしたのは、地方にある小さな神社、すなわち、無格社と呼ばれたり、村格社と呼ばれるようなものであった。

表向きは神社設備の充実とか、ムラ人の神社にかかる経費の負担の軽減、敬神の情の深化拡大などがあげられているが、真意はそんなものではなかった。

ムラ人の心中深くに宿る信仰心の国家的掌握がねらいであった。ムラ人の固有信仰を国家神道に結びつけることであった。

なぜそのような強行政策に明治国家は走ったのか。次のような裏事情があったのである。

日露戦争以後、明治国家は栄光の道を歩めども、個人の暮らしは困窮するばかりであった。民衆の期待を裏切った国家にたいして、個人の国家にたいする忠誠心は希薄になり、次第に、私的利益の優先という雰囲気が充満してくる。

このことは国家の国民統治上の一大危機である。この危機に対応しようとして、国家は種々の政策を打ち出すが、神社合併政策もその一つであった。

それぞれのムラに存在する氏神信仰は、そのムラ固有のものであり、独自のものである。それを強権的に統合するというのだから、恐らくムラ人たちは、それぞれの抵抗を示したはずである。国家の統制弾圧が強烈な場合は、表面的には従い、裏ではムラ独自のものを、保守し続けたのである。

氏神信仰、社稷の侵略は、地方収奪にとって、きわめて大きな意味を持っていた。天皇制国家側からする社稷の攻撃が、すべてうまくいったわけではない。それぞれの地域に存在する社稷は、自分の秘儀に固執しながら、あるいは面従腹背を手段としながら、生きのびてきた。

沖縄の島々における社稷観念について、興味ある発言がある。川満信一の「小共同体と天皇制—沖縄と日本の断層」（『沖縄にとって天皇制とは何か』〈沖縄タイムス社編、昭和五十一年〉）がそれである。

川満によればこうである。

「沖縄の島々にはいまも存続する共同体の祭儀をみると、その社稷観念のあり方は、自らの共同幻想によって形づくった古来信仰の神に対する頑強な固執によって支えられているが、その固執の仕方は、同時に異郷からやって来た〝神〟の持つ威力に畏怖し、やがてその異郷神への畏怖や異郷神の持つ威力の特性を、自分たちの古来信仰の領域へ変容させることで自らの社稷観念の存続を全うするという方法をとっているように思える。」(同上書、八〇頁)

つまり、異った社稷観念が強権的に侵略してきた場合、小さなムラは独得の方法をとってきたというのである。それはこの異郷の神を全面的に受け入れるというものでもなく、また絶対的に拒否するというのでもなく、次のような対応をとったという。

「止むを得ない範囲において社稷観念の二重構造的な分裂を引き受け、そして異郷神への政治的強制力が弱まると再び自分たちの古来信仰の領域に落ち着くという経過を辿っているのは、島々の共同体の社稷観念のあり方を見るうえで、重要な点である。」(同上書、八〇～八一頁)

それぞれの地域の住民たちは、いかなる強力な行政指導にあっても柔軟にして強固な対応をし、自分たちの祭儀行為をゆずることなく生きぬいたのである。

国家的強制力をもって強行した神社合併政策にしても、面従腹背の方法でそれぞれの地域は闘ってきたというのである。

長年にわたる失敗や犠牲を重ねながら、民衆は生きる知恵を次々と宿していった。それがムラの存在というものである。それは国家に利用されるだけのものではなかった。ムラにはたしかに、土地制度の矛盾があり、隣人との争いがあり、ムラ八分もあった。しかし同時に、弱者救済、弱者の連帯といった慣習も存在した。個人の自主性、主体性を認めないということは、一貫してムラを貫いて存続したものではあるまい。

ムラのなかに営々として存続してきた、若衆組（若者組）などの社会的機能などに注目すれば、理解できることである。

血縁の親子関係以外に擬制的親子関係が多く存在していることなどを考えれば、ムラが単に個人の自由を拘束するためのものだったとは思われない。

また、ムラ人は光の届く明るい世界だけに生きたわけではない。光の届かない闇の世界での日常性をも持っていた。その日常性のなかで、外部には漏れない世界を生きていた。この闇の世界を持つことによって、ムラ人たちは究極的には救われてきた面もあるのである。そしてこの闇は支配者側にしてみれば、きわめて恐怖に満ちたものであった。そのために、権力はこの闇を支配することが正義だという神話を作る必要があった。夜の世界、闇の世界をできるだけ極小化し、またその世界を暴くことが人類史の進歩、向上だと多くの人が錯覚した。その錯覚が魔女狩りとなり、鬼退治となった。しかし、どのような強烈な火や光をもってしても、闇の底がすべて明るみにさらされることはない。

谷川健一の次の文章に注目しておこう。

「日々の用をはたすための共有林の使用と日々の疲れをいやすためのどぶろくの製造は、民衆生活とは不可分をなすものであり、あらためて、権利などをふりかざすに価しないものにちがいなかった。なぜならそれは民衆の共同体がはじまってこのかた誰も疑うもののなかった当然至極の慣行であり、共同体の作業をいとなみ、共同の祭をおこなうための最小限の要求でもあったからである。帝王神権説にたいして、人民神権説とも呼ぶべきものを、民衆は意識するとしないにかかわらず信じ、したがってこの慣行を侵すものにたいしては、国家権力であろうと法律であろうと、徹底して反抗する『抵抗権』の存在することも自明のものとしてうたがわなかったのである。」(『常民への照射』冬樹社、昭和四十六年、九二頁)

主要参考・引用文献

丸山真男『日本の思想』岩波書店、昭和三十六年
神島二郎『近代日本の精神構造』岩波書店、昭和三十六年
鶴見和子・市井三郎編『思想の冒険』筑摩書房、昭和四十九年
吉本隆明『共同幻想論』河出書房新社、昭和四十三年
沖縄タイムス社編『沖縄にとって天皇制とは何か』沖縄タイムス社、昭和五十一年
権藤成卿『自治民範』平凡社、昭和二年
高堂敏治『村上一郎私考』白地社、昭和六十年
村上一郎『草莽論』大和書房、昭和四十七年
岩本由輝『柳田国男の共同体論―共同体論をめぐる思想的状況―』御茶の水書房、昭和五十三年
松本健一『共同体の論理』第三文明社、昭和五十三年
岩佐作太郎『革命断想』私家本、昭和三十三年
谷川健一『常民への照射』冬樹社、昭和四十六年

六　日本浪曼派のこと

戦後どれほどの年月が過ぎ去ったかわからないほどの年月が通り過ぎた。その間、日本浪曼派の提起した問題は解決されたであろうか。いまだに解決はされていないように私には思われる。今日では、解決しようとする気持もないように思えてしまう。

日本浪曼派といえば、保田与重郎であるが、彼が生涯をかけて問うたものは何であったのか、彼は何を疑い、何処に空白を見、その空白を何をもって埋めようとしたのか。

保田が問うた大きなものは、日本近代、文明開化の欺瞞性であったといってよかろう。その欺瞞性をあばこうとして、日本人の根源的な生死のありようを探ろうとした。

明治以後、国家が創造した体制を、あたかも自然に構築されたもののように、錯覚し、その上に展開された諸々の文化現象を、暗々裏に認めてきたその精神世界を保田は疑ったのである。

明治国家の形成してきた諸々の文化の欺瞞性を問うことと、戦後の民主主義のもとに生れた諸々の文化を疑うことには、共通したものがある。その意味でも、日本浪曼派を問うことは、いまなお意味のあることのように思われる。

保田の思想を根本で支えたものの一つとして本居宣長の国学とそのつながりのある農本主義的「米つくり」の思いがある。

本稿ではこの保田の「米つくり」の思想に少し触れてみたい。その前に、彼がこうむった戦後の罵声を簡単に見ておきたい。保田はどういう形で批判され、攻撃され、罵倒されたか。

この罵声をあびせる知識人たちの姿勢に、日本近代の浅慮な声が聞こえてくる。これ以上の罵詈雑言はないというほどの批判、攻撃を杉浦明平がやっている。それを覗いておこう。

少しながくなるが杉浦の声を聞いてみよう。昭和二十一年三月十五日の「文学時標」第五号における彼の声である。

「あの頃保田與重郎ほど待望されてゐた人間はない。…（略）…保田與重郎こそバカタンはもちろんあの悪どい浅野晃や亀井勝一郎さへ到底足許にも寄りつけぬ、正に一個の天才といふべき人間であった。剽窃の名人、空白なる思想の下にある生れながらのデマゴーグ――あのきざのかぎりともいふべきしかも煽情的なる美文を見よ――図々しさの典型として、彼は日本帝国主義の最も深刻なる代弁人であった。文化人と称する一群が日本侵略軍の行動を合理化するため『東亜協同体』とか『共栄圏』とか苦心惨憺してゐるとき、保田は（ニイチェの剽窃ではあるが）はっきり、ジンギス汗のごとく民衆と称する幾万幾億の虫ケラを征服し殺戮し強姦し焼払ふこと、それだけが天皇の御稜威であり、聖戦の目的であると断言した。そして讃美した。」（『暗い夜の記念に』風媒社、平成九年、一〇四～一〇五頁）

杉浦は、これではまだ物足りないとみえて、保田という男は、他人の書物のなかの「赤い臭い」を犬のようにかいで、軍部に報告する仕事をしたという。保田にこのように、時局に便乗したファシズム協力者、聖戦思想家としての烙印を押し、憎悪の念を燃やすのは勝手である。杉浦の腹のなかにある怨念や憤怒の感情を否定するつもりはない。保田の存在を抹殺したいと思う気持がわからぬではない。しかし、この杉浦の攻撃にたいしては、次のような文章をあてがっておけばいい。

「保田の偉いことを私は再認識し、保田が『昭和を造った百人』からはずされ、杉浦明平というバカから悪罵され軍部の協力者などいわれない悪名を着せられているのをもう問題にしない。」（田中克己「保田与重郎君」『近代風土』第十四号、近畿大学、昭和五十七年、一一頁）

杉浦のごとき発言を何万回繰り返したからといって、杉浦自身の憤懣は治まるかもしれぬが、保田も日本浪曼派も痛くもかゆくもないであろう。それだけではない。杉浦のような批判、攻撃が、日本浪曼派にたいする真の理解や批判をさまたげ、鈍らせ、遅らせたことをいっておかねばならない。

これは竹内好が指摘したように、日本浪曼派の発生根拠に照明を当てて内在批判したものではなく、たんに平面的に勇ましく攻撃し、うっ憤を晴らしただけなのである。これまで多くの人が引用した個所であるが、竹内の文章をここに紹介しておきたい。

「マルクス主義者を含めての近代主義者たちは、血ぬられた民族主義をよけて通った。自分を被害者と規定し、ナショナリズムのウルトラ化を自己の責任外の出来事とした。『日本ロマン派』を黙殺することが正しいとされた。しかし、『日本ロマン派』を倒したものは、かれらではなくて外の力なのである。外の力によって倒されたものを、自分が倒したように、自分の力を過信したことはなかっただろうか。それによって、悪夢は忘れられたかもしれないが、血は洗い清められなかったのではないか。…（略）…かれらの攻撃というのは、まともな対決ではない。相手の発生根拠に立ち入って、内在批判を試みたものではない。それのみが敵を倒す唯一の方法である対決をよけた攻撃なのだ。極端にいえば、ザマ見やがれの調子である。これでは相手を否定することはできない。」（「近代主義と民族の問題」『新編・日本のイデオロギイ』〈竹内好評論集〉第二巻、筑摩書房、昭和四十一年、二七六頁）

「米つくり」を中心とした保田の農の思想に言及してみよう。

保田はきわめて短期間ではあったが、鍬を持ったことがある。昭和二十一年五月、日本に帰還してからのことである。

保田も一人の出征兵士として異国の地を踏んでいたのである。病身でしかも年令が三十五歳ということを考えれば、恐らく兵役拒否も可能であったかもしれないが、彼は命ぜられるままに、従容としてその運命を受け入れている。そのときの実状を保田はこうのべている。

「かくて一死を保ちつゝ、病臥三ヶ月、床をあげる暇もなく、大患の病中に召命を拝したのであった。しかも有無の間もなく、北九州の港を船出して、無事半島に到着すると、それから先は、軍馬輸送用の不潔この上ない貨車に、やうやく横臥し得るばかりの席を与へられたといふ状態であった。老兵加ふるに病中の疲労、身体は困憊の極にゐたのである。生きて大陸に到着することを思ふ暇さへ無い有様で、うつゝのあはひに身を抑へるやうに保ってゐると、数日前応召地の宿舎を出る時、焼野原となった路傍に坐して、我々を合掌して見送ってゐた老婆の姿が、眼かひから消えない。」(「みやびあはれ」『日本に祈る』祖国社、昭和二十五年、七〜八頁)

この病死寸前のような老兵を、国家はなぜ必要としたのであろうか。復仇徴兵といううわさもあったようであるが、真偽のほどはわからない。このような保田が戦場でどれほどの役に立つというのであろうか。かえって邪魔になるだけのようであるが。「何故このような自分を」という思いが保田にはあったと思うが、そのことに関して、彼は何も語ってはいない。

敗戦後、やっとの思いで帰還した保田は、故郷である大和桜井に落ち着く。彼の家はこの地での素封家であったようである。この地で保田は農耕生活に入ったといっているが、本格的に農業に従事したわけではない。敗戦の結果、やむをえずこの地に戻ったということにすぎない。

近代的知識人と呼ばれた人たちのなかで、ヨーロッパの知的世界の限界を知り、また、大都市の汚濁と混迷の渦に疲かれ、原初的精神の根源を求めて帰農した人は多いが、保田の場合、そのような「高尚」なものでもなかったように思う。彼の大和桜井への落ち着きと農耕は、いかなるものであったのか。桶谷秀昭がそのことに関して次のような文章を書いている。

「保田與重郎の農耕生活といふのがどの程度のものであったか、よくわからないが、こんな伝聞がある。以前の文学仲間が心配して訪ねて行ったところ、実際に働いてゐるのは夫人で、保田與重郎当人は稲の束を掛ける枠《かせ》棒に頬杖突いて眺めてゐたといふ。これはありそうな話で、たとへば、雑誌の『祖国』に連載された『農村記』といふエッセイを見ても、筆者の農耕体験は窺へないのである。米作りの生活に日本人の道義の恢弘があるといふ考へは、戦後の保田與重郎の中心思想になるが、それは彼の近代否定が敗戦といふ現実を媒介にして収斂した思想の帰結であって、農村生活の体験は直接に働きかけてゐないと思はれる。」（『保田與重郎』新潮社、昭和五十八年、一一六〜一一七頁）

保田が本格的に農耕に従事しようがすまいが、そんなことはたいした問題ではない。問題はこの大和桜井で体感したものが彼ののちの精神史のなかで小さくはなかったということである。病後の身体と精神を癒やしてくれる最高の場所であったのだから。

大和三山（耳成山・香久山・畝傍山）の美姿に涙を流し、故郷に感謝した。ここは彼にとって「鹿ノ湯」的存在であった。そのときの心情を保田は次のように語っている。

「五月に帰国してからは、村より一歩も出でず、都会を見ず、たゞ泪の出るほどに美しい故国の山野の中で、この安貞の書（宮崎安貞の『農業全書』）を日夕の友としてゐた期間が、かなり久しかった。小生の帰国の第一印象は、美しいふるさとといふ感銘であった。三山を初めて見た時、真実に泪があふれてしかもその意味はわからなかった。…（略）…小生の帰農生活は期して始めたものではない。然して今もその状態の維持にすぎない。」

（「農村記」『日本に祈る』一〇四〜一〇五頁）

長く離れていた故郷の地に足を踏み入れた瞬間、わけのわからぬ涙が頬をつたうことは、保田でなくとも経験することではあるが、保田の場合、病後の身体と兵役をつとめた精神の疲れにとって、この大和桜井は特別のものであったのであろう。

故郷に座し、飢餓も暴力もない清浄の世界で、保田の暮しは満足そのものであった。

彼の農耕生活そのものに深淵な思想を探っても、あまり意味はないが、このことが契機となって、「米つくり」の思想、絶対平和論、アジア論などが浮上してきたのは事実である。
現実の無残な農の世界に身を置いたこともなく、貧困対策に熱い視線を向けたこともない保田に、農を語らせる資格などないという主張は正しいか。彼の農への視点を愚弄する人は少くない。保田の農の思想を攻撃した一人に松永伍一がいる。松永は保田の「農村記」を読み解こうとしている。

松永はこの保田の論文に一定の評価は与えてはいる。例えば、佐藤信淵、大蔵永常、宮崎安貞、本居宣長、熊沢蕃山などに関して、保田は興味ある文章を書いているという。しかし、「保田与重郎の『農村記』は農のリアリティを欠落させていることおびただしい凄まじい誤解の書」（『土着の仮面劇』田畑書店、昭和四十五年、二六二頁）だという。

誰れしも誤解することはあるし、その権利もあるのであるから、そのことを自分はせめているのではなく、許せないのは次のようなことだと松永はいう。

「農の心あるいは農の根本精神が太古にすでに創りあげられそれが不動のものとしてあると認識する傲岸さには、事の本体を見落したものの罪科が含まれているというべきである。」（同上書、二六三頁）

地獄のような日常を強いられている耕作農民の実態を知ることもなく、豊葦原の瑞穂の国で、春の海のような生活を夢想し、喜々として生きてる保田を許すわけにはいかないと松永は考えている。

この書を保田が夢物語として書いているならそれはそれでいいのだが、この書は「どこまでも現実志向の記述が中心であってみれば、事実誤認を批判する権利は私の方に当然あってよい。」（同上書、二六四頁）という。

現実を見る眼が間違っているなら、それはそれとして批判されてしかるべきであるが、保田のこの「農村記」を「現実志向」を中心としたものとして見ることは、はたして正しいか。保田はこの論文を通して、彼の農への思いをのべたにすぎないのではないのか。農を通して、つまり「米つくり」を通して、日本およびアジアの道を説き、絶対平和を説き、ヨーロッパ近代を厳しく批判し、農の道義を語ったのである。

松永は保田の「農村記」の次のような個所を引き、罵倒する。

「封建時代の農業の過大な労力といふものが、案外にさほどもないといふ事実を知ったのである。今日は多角経営輪作農法の時代である。根気をつめた労力といふ点では、今日の農法の場合の方が、はるかに過重だといふことを知った。それほど今日の農業に消費される労力は、繁雑過大にして、且つわづらはしい思考を伴ってゐるのである。…

（略）…封建時代の農業は悠暢で、今より大様な労力を、大様に費やしてゐたのである。」（「農村記」『日本に祈る』、一〇二～一〇三頁）

この保田の文章を読んで瞬時に反論できないような人は、農を語る資格などないと松永は断言する。松永のいう通りだと私も思う。この「農村記」にあるこの個所にたいし、無条件でこれを是認する人はいないであろう。土地制度の矛盾や、ムラ共同体の身分制度などの桎梏ぬきで、是認する人はいない。保田のこの認識が間違っていることは誰にでもわかる。

非在の美に幻想を抱き、阿鼻叫喚的現実を見ようとしない保田にたいし、松永は鬼気せまる地獄の風景を紹介する。

餓死する人間が膨大な数にのぼり、その死人の肉を食い、頭蓋骨の割れ目に櫛をさしこみ、脳ミソをなめる人間の姿などとは無関係に、保田は後鳥羽院を語り、後水尾院、本居宣長などにうつつをぬかしている。松永は、こんな保田に農を語ってもらっては困るというのである。

保田批判、日本浪曼派批判として、松永のようなものがあっていい。ことに松永は農村、農業、農民にたいする鋭い目を持った人であるし、総合的見識を持った人である。

保田にたいして、「ザマー見ろ」調で、軽薄な批判をする近代主義者たちとは違う。しかし、それでも松永の批判の矢をもってしても、保田の心臓をぶち抜くことにはつながらないように私には思える。

夢想人には夢想人の存在理由があり、詩人、歌人にも、そして神話の語り部にも、それぞれの生きる道があり、唄う道があるからだ。

現実世界における農の認識の甘さだけを指摘しても、保田は倒れはしない。彼はそんなところに足場を置いていないからである。

保田が「慶安御触書」を知らない、また百姓一揆の実体を知らない、といってみたところで、どうにもならない。

次のような場面を松永はよく描く。地獄絵図などを紹介することで、保田の農民を見る目の浅慮さをつく。松永はこんなことをいう。

「人が飢え、貧しさに耐えきれず一揆をひきおこして権力の手先から生命を奪われているその時期に、芭蕉も宣長も飢える心配のない地点にあってものの原理を問うていたのである。結構な身分であった人たちの生の危機と交わらない論理を、このように素直に、やや興奮して首肯する保田与重郎もまた貧困と無縁の地歩を占め、卑しい想いに穢れか

えった生活者を蔑視していたのである。」（松永、前掲書、二七〇頁）

保田がいうところの「草莽」についても、松永は気にいらないらしい。松永にいわせれば、「底辺の座」というものが彼らには欠如しているからダメだという。

草莽とは、もともと底辺の民衆からも距離を置き、権力からの遠い地点に生き死にする存在である。常に孤独にして、一人淋しく生き、やがて逝く存在である。みずから草莽として生きそして逝った村上一郎の草莽論をあげておきたい。

「草莽はまた草茅《そうぼう》といってもよい。ともに草野、草むらを意味する。そうした草ぶかい辺りに身をひそめ、たとえ家に一日の糧《かて》なくも心は千古の憂いを懐くといった趣の、民間慷慨の処士こそ、明治維新期に考えられた草莽の典型であったろう。威武も屈する能はず、貧財も彼を移すことはできない。精神の自立者で、彼は在る。」（『草莽論』大和書房、昭和四十四年、二〇～二二頁）

草莽の真の姿は、誰れにたいしてもやさしく、情にもろく、涙もろい。詩や歌をつくる人のこころをこころとしている。

自然界に生きる草花の無償の行為に、深々と思いをこめて涙を流す。絶望の影がわが身にせまっていても、政治的策略の世界に出没することはない。それが草莽である。

松永は草莽の姿をどのように理解しているのか。こんなことをいっている。「『草莽』などと言ってみたところで、それはしっかりした構えの豪農クラスまでであって、それ以下は含まぬものだ。『草莽』という表現が幕末に多く用いられるが、これを農民自身が自称したことはなかった。保田与重郎がそれを『在野』と解して使用するのは、おのれの家意識を拠りどころとして、それ以下を埒外に置くときではないか。人はときどきこの種の発想と発音に騙されるから御用心あれ。」(松永、前掲書、二七〇頁)

貧困、地獄、差別、餓死といった世界と無縁でいる草莽などにうつつをぬかしていることが松永には許せないのであろう。それはそれでいい。

「米つくり」の生活から生れる道徳、倫理を根底とする世界に、侵略とか支配というものはないと保田はいう。これこそが他に類を見ない日本の道であるとする。しかし、松永は、人間の社会で争闘のない歴史などがあるはずがないというのである。

保田とて、いつの世も、いかなるところでも、春の海のような世界のみが存在するとは思っているわけではない。保田は非在の美を唄っているのである。

松永がねらい撃つものは、保田の現実性のない農村、農民理解なのか。そんなところをいくら撃っても保田は倒れない。非在の美を唄い、「偉大な敗北」そのものが保田の世界なのである。彼の「米つくり」に言及しておきたい。

近代の終焉のはてにくるものは、日本人の道義としての「米つくり」の思想以外にはないと保田はいう。

「米つくり」における労働、勤労というものを、保田は近代的労働観、つまり商品価値としての労働力というものから厳しく区別する。

「わが農村の生活に於て、勤労といふことを、今日の通念として単なる、労働力として考へては、利潤を考へる理の導くまゝに従へば、その日から農を放棄せねばならぬ結論となる。それは近代生活と相合はない過労だからである。…（略）…そのしば〳〵無償とさへ見える勤労とは何を云ふか。それを云ふことは、わが農のみち古のみち、生産（むすび）のみちといふものを明らかにする謂となる。…（略）…わが原有の勤労観は、封建時代の勤労観でもなく、資本主義や社会主義の論理でもない、それは別個の道の上に立って、別個の秩序の基となるものである。」（保田、前掲書、一〇六〜一〇七頁）

利潤とか経済とかを考慮に入れれば、「米つくり」という労働はやっておれない。商品としての価値は度外視し、無償の行為であるところに、この労働の意味はある。そこにこそ、神聖な「米つくり」が成立する。それこそが日本人の道義の恢宏につながるという。

この保田の「米つくり」は、農本主義者と呼ばれる人たちの農業観と極めてちかいところにある。農本主義者横井時敬なども、経済的視点を頭に入れるとすれば、農民は今日からこの職業を放棄するだろうという。

表面的に見れば、横井時敬も保田も変らない。そして両者の勤労観は、国家権力の欲しがるものであった。金銭欲、出世欲といった世俗的価値とは遠く離れたところで、黙して働く「良民」の創出は、権力が願ってもないほど欲しがる人間像であった。

そういう意味で、両者は共に利用されやすい要素を持ってはいたが、保田は農本主義者を峻拒するところがある。

保田にとって、「米つくり」に従事する農民、そして彼らが住む農村は、いかなるものの手段になってもならないものであった。それは絶対的、神秘的なものでなくてはならなかったのである。そして報酬を求めないこの「米つくり」の労働こそ、政治、時務情勢を追放するところの、みちの実践であった。

保田のいう「米つくり」は、神によって、「ことよされ」たものであった。

「『ことよさし』といふ形は、悉く委嘱するといふ形で、今の世の中であたることばも事実もない。何となればそこには契約といふ条件のきめがない。成果に対する責任も今に比して大らかである。これは神がことよさされるのだから、如何やうになっても成果（生産）はつねに神の大きいお働きの領域内のものだからである。（「皇大神宮の祭祀」『保田與重郎全集』第三十巻、昭和六十三年、三七五〜三七六頁）

この「米つくり」に従事する人間は、貧困を云々することはない。云々することはないが、彼らの犠牲によって諸々の文化が生じていることを忘れてはならない。

近代という生活空間では、「米つくり」を日常として生きている人には、貧困を余儀なくされてはいるが、それは強制されたものではなく、自分の悟りに依存しているものだと保田はいう。

近代生活とは次元の違うところで生き死にする農民の生活には、奢侈はないが、心の豊かさがある、つまり農民は「米つくり」によって十全に生きているという。

保田は近代的経済を峻拒しながら生きる理想的人物を満州の広野に見た。

「私は満州事変直後の満州へゆき、その赤い夕陽の曠野に立って、ここでなす日本人の農業に機械力を使ってはならぬ、腕で一鍬づつ、一鍬づつ土を掘りおこせといって、頑強に軍部に抗して自説を立て貫いた水戸の大なる人を、一度は残酷をしひる固陋の人と思ひ、年をへて、この聖者の如き人の心の中に燃えてゐる、東洋の道徳の燈に、今日の人道第一の光を感銘してうけとったことだった。比類ない大なる人道の燈だった。その人の王道楽土の思想は、厳粛無上のものだった。経済の考へ方を寸分もよせつけない、道徳の立場を農本主義といふ仮名で呼ばれたにすぎない。」（「天道好還の理」『保田與重郎全集』第三十巻、三一〇頁）

保田が高く評価するこのような人物こそ、近代主義者からは悪の根源に置かれ、青少年たちを騙し、犠牲にした張本人だと評された。

『生活の探求』で知られる島木健作も、満州開拓地を訪れ、のちに『満州紀行』を書いた。そしてこの開拓地で働く若人の精神に、惜しみない賛辞を贈った。事の成就や貧困が問題ではなく、大地に無心で鍬をぶちこむ精神のなかに、島木は神にちかい存在を見ている。金銭的にも報いられることなく、苦難のなかでこの開拓地に全精神を傾注する若人の勇気に島木は絶対的価値を置き、究極の美を見たのである。

日露戦争後、日本は次第に農業国家から工業国家へと移行し、社会構造は大きく変貌し、諸々の価値も転換した。農本主義がこの戦争を機に一つの政治的潮流として台頭してきた。多くの農本主義者が、古色蒼然とした精神主義を説きながら、便利さとかスピード、改良といった近代そのものを拒否してはいない。尊皇攘夷を高唱しながら、近代を是とし、工業化を是とする。農への復帰をいうが、近代化を望んでいたのである。保田は違う。近代を完全に拒む。近代化は日本とアジアの生活原理を破壊するからである。

桶谷秀昭は保田の描く農民像は、「ドストエフスキィが執拗に主張した、ロシアを西欧化から救ふ筈のナロオドといふ観念を思ひ出す。ドストエフスキィのナロオドには、ロシア正教の魂を分有する国民的精神土壌の体現者といふ理念が罩められてゐた。それとの対比で云へば、保田與重郎の貧しい物云はぬ農民は、封建制度の遺物などでなく、延喜式祝詞に表現されてゐる神々の意志に応へ、永遠の日本の道義をどんな観念や理屈以前に保守してゐる人々である。」(桶谷、前掲書、一一九頁)という。

罵詈雑言の渦のなかで、保田は黙々と日本人の生き死にを問うた。精神の偉大さも光輝さも選ぶことなく、やすっぽい物質的豊かさを欲しがることは、ヨーロッパ近代文明にしてやられることであり、それに服従することであるというのが保田の思いである。「米つくり」の本格的文化確立のために、独得の日本、アジア観が生れる。この「米つくり」に専念しているかぎり、アジアはヨーロッパに勝利することはない。アジアはヨーロッパのためのものとなり、ヨーロッパの侵襲によって、圧迫されることによって、アジアはアジアたりうるのであった。

岡倉天心も次のようにいっている。

「ヨーロッパの栄光は、アジアの屈辱である！ 歴史の過程は、西洋とわれわれのさけがたい敵対関係をもたらした歩みの記録である。…（略）…自由という、全人類にとって神聖なその言葉は、彼らにとっては個人的享楽の投影であって、たがいに関連しあった生活の調和ではなかった。彼らの社会の力は、つねに、共通の餌食を撃つためにむすびつく力にあった。彼らの偉大さとは、弱者を彼らの快楽に奉仕させることであった。」

（「東洋の目覚め」『日本の名著・岡倉天心』中央公論社、昭和四十五年、七〇頁）

ヨーロッパ文明は自己拡張と他の侵略を本質とする。略奪と弾圧によって自己を拡張し、それを維持するためにアジアを犠牲にする。そしてアジアに停滞という烙印を押す。日本、アジアがヨーロッパ近代を理想とし、それを追う形からは、永久に日本、アジアの自立の道はない。ヨーロッパのためのアジアの位置づけを「第一次アジアの発見」だとすれば、アジア独自の道を「第二次アジアの発見」と称し、これをめざす以外に道はないと保田はいう。彼はこうのべている。

「近代史の開始を意味する『アジアの発見』は、ヨーロッパによって、ヨーロッパのために、アジアをアジアといふ形に定めたことであった。ヨーロッパ対アジアといふ形で、アジアは一つの概念として発見せられた。かくて隆々と近代文明は太った。しかし、さうした生活様式による第一次アジアの発見の次に、必ず第二次アジアの発見がなければならぬ。それは道義であり公道である。世界と人間の救ひとなり、楽園生活の端緒となるものである。最大の思想として最大の救世主として迎えられる思想は、第二次のアジアの発見の他にない。」(「農村記」、前掲書、一一三〜一一四頁)

ヨーロッパによって発見され、餌食にされて認識されるという屈辱の歴史を持ってきたアジアは、この歴史を払拭し、徹底した「米つくり」をもって、アジア独自の道を歩まねばならない。それは近代生活を根源的に否定し、侵略、支配などのない神の道である。この道の行き着くところは絶対平和である。「絶対」ということは、「相対」ではないということである。相対的な平和とは、戦火を交じえていなければ、どのような形であってもいいというもので、そこには暴力の均衡もあれば、服従、同化もある。保田のいう絶対平和は、そのような政治的取り引きなどによって保たれるような平和ではない。

太平洋戦争後の喧噪ともいえる民主主義や戦争反対の底の浅さを知っていた保田は、

そのことを嗤っていたし、歯の浮くようなヒューマニズムを軽蔑していた。

権力を適当に批判しながらも、その犠牲になることを極力恐れ、結局はそれに同調し、加担してゆく姿が、近代主義者たちの正義であった。彼らは、ファシズムや民族主義に触れないこと、あるいは無視することをもって知識人だと思っていた。

甘い誘いをかけてくる近代生活を峻拒し、「米つくり」と祭りを結合させた絶対平和を、保田は追う。

ヨーロッパ近代史の歩みのなかからは、決して絶対平和は訪れることはないと保田は次のようにいうのである。

「また我々は、近代史の進路と同じ見地に立ち、近代の歩んできた道に従って、平和を求めることからは、決して絶対の平和がこないことを了知してゐる。日本人は近代生活の誘惑をすてて、絶対平和の基礎となる生活に入る方へ歩まねばならぬといふことを、日本人の間で本気で相談する機会を作らねばならないと考へてゐる。国会も政府も、ありきたりの講和会議議論を停止し、絶対平和を目標とした討議に終始し、会議の準備行為として、日本の将来の為に確固たる計画を立てるべきである。」(「祖国正論」『保田與重郎全集』第二十七巻、講談社、昭和六十三年、一二頁)

絶対平和の場合、外敵から侵略を受けたとき、どうするか、保田は迷うことなく竹槍を用意する。竹槍で外敵からの侵略を防ぐとは、どういうことか。この応戦を嘲笑し、愚弄することはたやすい。保田にすれば、この嘲笑こそが問題だというのである。

この竹槍主義というものは、攻撃の手段ではなく、案山子と同じ役割を持っているという。案山子はどこまでいっても、小動物を殺すものではなく、大事に育てている作物を、どうぞ盗まないで欲しいと願うものである。保田はこのようにいう。

「大東亜戦争終焉の後に、勝者に追従する日本の言論機関は一斉に、日本の竹槍戦術といってこの戦争を嗤った。この時ほどに、私は自分の立場に驚愕したことはなかった。元来、大東亜戦の発端に於て、私はこの戦争が、竹槍の精神だと信じてたのである。竹槍は農民が、鉄砲をもった侵略者におひつめられた末に、死を既定として立つ平和の意志表示の象徴である。農民は神の道を守ってゐるから、武器をたくはへない。洪水と嵐を守る竹を以て、侵略者といふ動物を防ぐのである。狩猟でなく、防禦である。」(「われらが愛国運動」『保田與重郎全集』第三十巻、二五四頁)

近代の象徴ともいうべき科学兵器をあくまでも拒否し、近代の生活そのものを放擲するところに保田の絶対平和論はある。

「米つくり」を中心とする日本、アジアの根源的な道義を尊重する保田であるが、儒教的政治からも絶対平和は生れぬという。

働くことなく、生産者が生産したものを掠奪し、その掠奪行為を正当化するもの、つまり、盗賊行為を正当化するものが、儒教的政治だという。孔子は支配の哲学を説いた、支配のための天や神を設定したのだという。

儒教による政治を保田はこういう。

「米作りをなさずして、米作り人の生産物を支配することは容易であった。そのことが政治と云はれた。覇道とはさういふしくみである。神の道に平和に生きる者、すべての人間の生命の根本を供与するものを、何かの力によって、自ら働き生み出すことなく支配しようとする考へ方、その考へ方が儒教によって政治とよばれたのである。」(「にひなめととしごひ」『日本に祈る』、八二頁)

農民の生産したものを掠め取って生きる間違った道を、もっともらしく聖人、君主の道であるとする支配者の誤りを指摘したのは、安藤昌益であるが、昌益のいう「自然世」とは、いかなる差別も支配もない自然の規矩によって生きる絶対的平和の世である。この平和の世を破壊した者が武士であり、聖人であり、君主であるという。彼らは耕やさずして食を手に入れるための理屈として儒教を用意したのである。

保田も昌益と同様、儒教は人倫の道などを説いてはいるが、実は支配の哲学でしかないとする。

保田の農の思想は、極力政治世界を嫌う。永久不変の日本人の「米つくり」の精神を、他のいかなるものよりも価値あらしめ、それを保守し、継続してゆく農民の姿があるばかりであった。鍬で耕やし、竹槍で防禦すればいいのである。

しかしながら、この保田の絶対平和の世界は、ヨーロッパ近代およびそれに類する世界によって容易に破壊され、無意味な時代錯誤として無視される。

彼は現実世界における敗北を常に説く。「偉大な敗北」である。保田はこの「偉大な敗北」についてこうのべている。

「偉大な敗北とは、理想が俗世間に破れることである。わが朝の隠遁詩人たちの文学の本質は、勝利者のためにその功績をたたへる御用文学でなく、偉大な敗北を敍して、永劫を展望する詩文学だった。…（略）…偉大な敗北を描く思ひは、軍部謳歌のその頃の文学とは相反したものだった。しかしこれらの偉大な敗北を敍した私の文章が、戦場に赴く当時の若者の最も純粋なこころにひびくものがあったのである。」（「天道好還の理」

『保田與重郎全集』第三十巻、二九四〜二九五頁)

俗世間での成功者が美しい魂の持主であることは皆無にちかいことである。自己顕示欲、私的利益の追求にもとづく平和運動がやかましく展開されるなかで養われた「健康状態」とは、腐敗の水のなかで咲いた徒花でしかない。

このなかで「偉大な敗北」を唄い続けた保田は、ファシズムの支持者であり「赤狩り」の名人という烙印を押され、罵倒された。この敗北を唄う保田の精神によく拮抗し、内発的攻撃のできた人が幾人いたであろうか、いるであろうか。

主要参考・引用文献

松永伍一『ふるさと考』講談社、昭和五十年
村上重良『国家神道』岩波書店、昭和四十五年
杉浦明平『暗い夜の記念に』風媒社、平成九年
竹内好『新編・日本のイデオロギィ』〈竹内好評論集〉第二巻、筑摩書房、昭和四十一年
保田與重郎『日本に祈る』祖国社、昭和二十五年
保田與重郎『保田與重郎全集』第二十七巻、講談社、昭和六十三年
保田與重郎『保田與重郎全集』第三十巻、講談社、昭和六十三年

桶谷秀昭『保田與重郎』新潮社、昭和五十八年
松永伍一『土着の仮面劇』田畑書店、昭和四十五年
橋川文三『増補・日本浪曼派批判序説』未来社、昭和四十年
大久保典夫『転向と浪曼主義』審美社、昭和四十二年
磯田光一『比較転向論序説―ロマン主義の精神形態』勁草書房、昭和四十三年
色川大吉編集・解説『日本の名著・岡倉天心』中央公論社、昭和四十五年
明治大学出版研究会編『転位と終末』明治大学出版研究会、昭和四十六年
『ピエロタ―特集・日本浪曼派とイロニイの論理』母岩社、昭和四十八年
饗庭孝男『近代の解体―知識人の文学』河出書房新社、昭和五十一年
『近代風土―特集・保田與重郎』第十四巻、近畿大学、昭和五十七年
松本健一『戦後の精神―その生と死』作品社、昭和六十年

七　国語というもの

国語というものが、太古の昔から日本列島に存在していたものではないということは、誰れしも理解できるが、それがいつ、どのようなねらいで創造されたかになると、そうたやすく返答できないのではなかろうか。

国語の歴史はまだ浅く、近代国家の形成とともに創造されたものである。

国家と地方の問題を問うことから、はじめてみたいと思う。

近代国家に較べ、ムラの歴史は重く深く、長い。ムラ人は近代国家など意識することなく、しかも画一的日常をもつことはなかった。

ムラ人は、それぞれのムラで、それぞれ固有の習俗を生みだし、継承してきた。強弱の違いはあっても、自分の生れ育った土地にたいする愛情をもつことになる。これを郷土愛と呼んでもいい。その郷土愛の具体的なものをあげれば、それは衣・食・住への執着であり、それぞれのムラ人が所属するムラへの執着である。ムラ人の精神生活を全体として支えるものとして、それぞれのムラに氏神が存在する。祖先崇拝とならんでこの氏神を中心としてムラ人の精神生活は成立している。

また、そこにはムラ全体をつつむような風景がある。山があり、川があり、水車小屋がある。それぞれが独得の風景を持っている。

小さくて閉ざされたムラではあっても、そこにはコミュニケーション活動がある。その手段の一つとして言語がある。同質体験が多いムラにあっては、言語は少くてすむが、それらの言語は強烈な人間結合の役割を持っていた。

大日本帝国憲法が、明治二十二年に制定されたが、ムラ人が国家を意識し、国民としての自覚を持つには、まだ、少し時間が必要であった。憲法は存在しても、ムラ人たちの生活にはムラのルールが優先していたのである。

ムラ人たちは、国家や憲法によって、自分たちの生活を保障されたり、援助されたりすることはなく、生きぬくための知恵をしぼり、規範をつくるのである。

民俗学者柳田国男の名著の一つである『後狩詞記』に次のような文章がある。この著書は明治四十二年のものであるから、明治憲法制定から二十年も経過している。

「狩猟に付ては甲乙カクラ組の間又は狩組と罠主との間に。紛議を生ずること往々にしてあり。然れども一も警官に訴へ或は法廷に持出すことなく。慣例に依り之を解決するものなり。左に其慣例の二、三を記す。」（『定本・柳田国男集』第二十七巻、筑摩書房、昭和三十九年、二六頁）

国家が定める法律よりも、ムラに存在する慣習の方が優先しているのである。ムラ人はそれに従って生活している。ムラ人が生きてゆくうえで不利になるものは漸次消えてゆく。互いに益するものだけが残ることになる。

このムラ人が長年かけて蓄積してきたもののなかには、国家形成にとってプラスにはたらく面と、逆に反国家の面とがある。どれをどのような方法で、わがものにするかが国家にとって重要な課題となる。可能ならば、ムラ固有の自治の総体を官製化しようとするのが国家の目線である。

明治二十一年の市町村制、同二十三年の府県制郡制制定の意味はここにある。明治憲法制定に指導的役割を果した伊藤博文や山県有朋の地方自治の理念をみれば、そのことは明らかである。

憲法制定に際して、「郷党社会」を重視しているところに、ムラをどのように取さばくかがよくうかがえる。

彼らのねらったものは、一方で春風駘蕩の場としてのムラの一面を拡大し、非政治的空間として本来もっているムラのもつ強力な抵抗の芽をつみ取り、骨抜きにすることであった。そして、他方で、権力本来のありようをムラに押しつけることであった。

藤田省三は地方自治制定の意味を次のようにのべている。

「地方自治制は、一方官僚制的支配装置を社会的底辺まで下降させて制度化するとともに、他方で『隣保団結ノ旧慣ヲ基礎トシ』、『春風和気』の『自然ノ部落ニ成立』つものであり、そこに政治的対立を解消せしめて、その基礎の上に国家を政治的にノイトラルな『家屋』として成立させる。ここで自治とは『社会的倫理的』な国家の基礎であって、政治は専ら、『監督官庁』の指導に任せられる。」（『天皇制国家の支配原理』〈第二版〉未来社、昭和四十九年、一八頁）

春風駘蕩していたムラにも、激震の走るときがくる。日清戦争である。この戦争は、日本人が初めて体験した本格的な対外戦争であった。日本が師としてあおいできた清国を相手にしたこの戦争は、日本のムラ人にある種の意識革命をひきおこすことになる。にわかに、国家とか国民とか民族といった言葉が浮上し、ナショナルな感情が昂揚していった。

それまでムラで鍬や鎌を持ち、あるいは網を持っていた人たちが、軍服を着て、銃を持って、異国の地に赴いたのである。日清戦争は、国民的戦争の始まりであった。

ムラ人は国民になり、日本国家の兵士となったのである。しかし、生れ故郷にたいする土着的愛情というものが、そうだからといって、にわかに国家への愛情に拡大、変化してゆくものではない。ムラ人のムラを愛する気持を日本全体、日本国家、日本民族への愛に拡大してゆくために国家は何をしたか。自然発生的、非歴史的に実在する郷土愛を、人為的、歴史的な愛国心にもってゆくには、かなりの作為が必要であった。

ムラに存在する風景を国家のそれにしてしまうという作為もその一つである。

風景とナショナリズムの関係で問題にされるものに、志賀重昂の『日本風景論』がある。

この『日本風景論』が世に出たのは、日清戦争のはじまった年、つまり明治二十七年のことである。ナショナリズムの昂揚期であった。ナショナリズムの昂揚のためには、国力の増強もさることながら、ムラ人の生活基盤である地方を、国家に延長、拡大し、ムラ人の郷土意識を国家愛につなげてゆく作業が必要となる。

地方、郷土の風景は、国家の風景にならなければならないのである。それまで、各地域に点在していた風景を日本国の名勝に普遍化し、郷土自慢を国家の自慢にする役割を、この志賀の『日本風景論』は結果として受け持つことになる。

美なる風景と美なる精神は重なり、世界に冠たる風景を持っている日本人の精神は、他国の人のそれをはるかに凌駕するという神話がここに生れたのである。

地方に存在する具体的なものは、できるだけ抽象化し、普遍化し、拡大してゆかねばならなかった。

当時の文部省唱歌に見られる「ふるさと教育」は、そのことをよく物語っている。ムラの現実は、いつも風光明媚な空間で、人間関係は、歓喜で満ちあふれているわけではない。種々の土地制度の矛盾や、貧困を余儀なくされ、そこに住むムラ人たちの感情は、きわめて複雑に交錯している。その貧困の部分や矛盾を排除し、透明な世界を描いてゆくのが文部省唱歌の歌詩であった。邪念なき忠誠心、郷土愛、自然の美を唄いあげながら、ムラを国家にまで拡大してゆく。ムラの個別性はうすくなり、国家全体に収斂されてゆく。

志賀の『日本風景論』の役割について、前田愛は次のようにのべている。

「重昂の『日本風景論』は、これまで信仰や物見遊山の対象として個別に鑑賞されていた日本の風景を、日本全体を包含する広大な空間のもとに統一的に把握しようとする画期的な試みであった。いいかえれば民衆の生活感情や郷土感情としてのパトリオティズムと結びついていた風景美を、自然科学的な座標軸をかりて再編成し、国土的なスケールに拡大して見せた風景論なのである。」(「明治国家とナショナリズム」『伝統と現代』第二十号、伝統と現代社、昭和四十八年、五二頁)

この志賀の著は、初版が明治二十七年十月で、明治三十六年六月には、十五版となっている。

志賀は日本の風景美の特徴として、四つのものをあげている。気候海流、水蒸気、火山岩、流水の浸蝕、がそれである。そのなかでも彼が力をいれていると思われるものは、火山のことであろう。火山列島である日本国家の勢力はここにもよく表現されているという。

「日本には火山岩の多々なる事」のなかで志賀はこうのべている。

「日本国や、実に北東南東二大火山力の衝突点に当り、火山の存在するもの無慮百七十個、而して全国表土の五分の一は火山岩より成る、是れ日本の景物をして洵美ならしめ

たる主源因。」(「日本風景論」『志賀重昂全集』第四巻、志賀重昂全集刊行会、昭和三年、四七〜四八頁)

志賀は火山岩の多いことだけをいっているのではない。火山の爆発そのものを、日本国家の勢いにしたいのである。静かな平和は、人類共通の願いではあるが、そこに達するまでには幾多の激烈な活動、激震がある。この激烈な噴火の過ぎ去ったのちに、静かな平和が訪れるという。

「世に『平和』なる語あり、而かも『平和』中の最平和は実に火口湖に依りて代表せらる。誰か判らん、此の最平和の代表者は、爆声轟々、火光煽々、天日を焼き、岩石を溶かし、硫煙空を衝きて逆上し、熱灰地を捲きて吹き散じたる当初の火にならんとは、『平和』か、『平和』か、知れ、真成の平和は物力を極端まで費了せずんば竟に得べからざることを。」(同上書、九一頁)

この激烈な火山の爆発は、日本国家の世界に向けての侵撃を意味していることは明らかである。

ナショナリズムの昂揚と火山の爆発とは一致する。この時期に『日本風景論』は、うまく便乗して、多くの賛辞をもらった。

日清戦争の時期、すなわち国威発揚の時期にあたって、日本が、日本人が誇れるものは何か。この志賀の『日本風景論』は、その一つとして日本人の精神的支柱たりえたのである。

美しい自然環境は、美しい人間を育て、強力な人間をつくる。本書が契機となって、地方の風景は日本の風景となり、ムラ人は国民となった。

しかし、地獄のような日常のなかで、ムラ人はその土地の風景を愛でたり、うつつをぬかすほどの余裕などない。しかも自然はいつもおだやかではない。風水害との闘いにおいても、ムラ人は厳しい日常を強いられ、そのなかで呻吟する。

美しい自然が健全な人間を育成するなどということは、地獄で生きるムラ人の情念をぬき取ることによって可能となる。

風景美を唄う文部省唱歌が、ムラ人の日常だとみてはなるまい。やりきれぬ思いを抱いているムラ人の情念を権力は恐れる。虚を突いてとびだしてくるムラ人の情念や敵意に権力は戦慄する。戦慄するがゆえに、権力は美しい日本の風景をイメージとして構築せざるをえないのである。

国語の問題も風景論と同様、ムラ人を国民にするための重要な手段であり作為であった。つまり、国語の創造は国家形成のための具体策の一つであったのである。それぞれのムラの日常から生み出された「ことば」は、言霊を持ちながら、そのムラにおける生活手段であり、文化創造の一つの大きな要因であった。

誰が、何が、何のためにムラで生れた「ことば」を統一し、新たな共通語を用意しようとしたのか。

共通語が必要になるのは、ムラが国家に統一されてゆくときである。先に少しふれた日清戦争時に登場するナショナリズムの昂揚期は、まさしくそのときであった。近代国家の形成と同時に、日本は新たな植民地獲得における皇民化教育の必要にもせまられていた。

国家と国語の関係は、次第に濃密となる。各地の土着語が冷たく扱われ、共通語としての国語、標準語の創造に熱い視線が投げかけられるようになる。

この国家と国語のかかわりに、きわめて重要な役割をになった人物に上田万年（慶応三年〜昭和十二年）がいる。

上田の略歴を記しておきたい。

慶応三年（一八六七）――江戸大久保の名古屋藩下屋敷で生れる。父は上田虎之丞、母はいね子。

明治十一年（一八七八）――東京府中学校入学。

明治十八年（一八八五）――帝国大学文学部（この年の末文科大学と改称）和漢文学科入学。チャンバレン氏に師事。

明治二十一年（一八八八）――帝国大学文科大学和文学科卒業、大学院に入学。文科大学の英語学授業を担当。

明治二十三年――帝国大学総長加藤弘之と文科大学長外山正一の推薦により、三ヶ年ドイツ留学。

明治二十五年（一八九二）――六ヶ月間フランス留学。

明治二十七年（一八九四）――六月帰国、七月文科大学の教授、博言学講座担当。十月哲学館で「国語と国家と」を講演。十一月国語研究会で「国語研究に就きて」を話す。

明治二十八年（一八九五）――『国語のため』（冨山房）出版。

明治三十一年（一八九八）――文部省専門学務局長兼文部省参与官。東京帝国大学文科大学教授兼任。国語研究室主任。

明治三十三年（一九〇〇）――文部省国語調査委員会委員。東京外国語学校長事務取扱。

明治三十五年（一九〇二）――国語調査委員会委員主事、主査委員。

明治三十八年（一九〇五）――言語学担当を退き、国語学国文学第一講座を担当。

明治四十年（一九〇七）――東京帝国大学評議員。

明治四十一年（一九〇八）――帝国学士院会員。

明治四十二年（一九〇九）――教科用図書調査委員会委員。

明治四十五年（一九一二）――東京帝国大学文科大学長。

大正三年（一九一四）――欧米各国を視察。

大正八年（一九一九）――神宮皇学館長。

大正十五年（一九二六）――学士院選出貴族院議員。

昭和二年（一九二七）――国学院大学長。

昭和九年（一九三四）――神社制度調査委員会委員。

昭和十二年（一九三七）――死去。

（『国語と国文学』〈第十四巻第十二号、至文堂、昭和十二年十二月〉の「上田万年先生略年譜」、

および『上田万年・国語学史』〔新村出筆録、古田東朔校訂、教育出版様式会社、昭和五十九年〕などを参照）

上田が留学した当時のドイツは、新興国としての言語とナショナリズムという関係の強い雰囲気のなかにあった。ドイツの統一国家への活力は、明治国家の新しい歩みに似ていた。そのことから上田は、言語学の新しい空気のなかで、日本の国語教育、研究に大きな足跡を残すことになった。この留学によって言語学とナショナリズムを同時に上田は体得したことになる。

上田の生涯にわたる仕事を評するにあたり、彼の愛国の情、憂国の情の激しさを引きずっての政治家的姿勢の濃厚さが指摘され、批判されてきた。学者、研究者というものは、自分と世間との間に厚い壁をつくり、現実世界から遮断されたところで、深い思索にふけることをもって第一の条件とするところが強かった環境にあって、上田は余りにも政治的すぎたのかもしれない。

政治情勢に流され権力に迎合してしまう御用学者は論外であるが、ある政治的激流に翻弄されながらも、あるたしかな信念と志を抱きながら、ギリギリのところで後世に確実なものを残してゆくような人にたいして、いま少し高い評価を与えてもいいのではないかと私は思う。

上田の門下生の一人であった保科孝一の次の評価はそういうものの一例ではないかと思う。

「先生は学者的政治家であり、また政治家的学者であったから、その講義も他の人とは自ら異るところがあった。先生は朝から晩まで書斎に閉籠って研究に精進する型の学者ではない。いわば研究精神を吹込むとか、指導するとかゆう型の学者であり、先生の講義を聴いて居ると、その時間時間で、何か力強い示唆か印象が与えられて、自然に研究心が奮起するのが例で、これは先生の講義を聴いた人のひとしく感じたところであった。」（「故上田先生を語る」『国語と国文学』第十四巻第十二号、至文堂、昭和十二年十二月、一一八頁）

三年半にわたる留学を終えた上田は、明治二十七年六月には帰国しているが、帰国して彼の眼に映ったのは、日本人のわが国の言語というものにたいする自覚のなさであった。日清戦争を契機として、国家、民族への気持の昂揚機にありながら、国家の統一、結合の手段である国語樹立への熱意のなさに上田は愕然としたのである。

帰国した年の十月に、彼は「国語と国家と」と題しての講演を哲学館で行っている。新進気鋭の帝国大学教授上田は、愛国、憂国の情を根底に置き、国家と言語、民族と言語に関する衝撃的な熱弁をふるった。

国家を愛し、忠誠を誓う精神と、国民の共通語である国語を創造することは、国家の基本的課題であり、政策でなければならなかったのである。

上田は次のようにのべている。

「言語はこれを話す人民に取りては、恰も其血液が肉体上の同胞を示すが如く、精神上の同胞を示すものにして、之を日本国語にたとへていへば、日本語は日本人の精神的血液なりといひつべし。日本の国体は、この精神的血液にて主として維持せられ、日本の人種はこの最もつよき最も永く保存せらるべき鎖の為に散乱せざるなり。故に大難の一度来るや、此声の響くかぎりは、四千万の同胞は何時にても耳を傾くなり、何処までも赴いてあくまでも助くるなり、死ぬまでも尽すなり、」（「国語と国家と」『国語のため』冨山房、明治二十八年、一二一〜一二三頁）

精神的血液である日本語によって日本の国体は維持されていて、これがなくなれば遂に死しかないほど重要なものだという。慶賀に際しても、国難に際しても、日本国語は日本国家と国民とをかたく結びつけるもので、一心同体なのである。忠君愛国の大和魂は、この日本語から生れるという。この上田の主張を、イ・ヨンスクは、「巧妙なすり替え」と称して、次のようにのべている。

「まず言語と人民のあいだの結びつきを、『血液』にたとえることによって、だれも反論できない受動的自然性を言語に賦与し、それを万世一系の『国体』と同一化させる。そうなると、もはや言語は人間どうしが語りかけるものであることをやめ、どこからか響きわたる『声』、『耳を傾』けて受け入れるしかない『音楽』『福音』となる。この『声』の主体は、具体的な個人ではなく、『君が八千代』に象徴される神聖不可侵の『国体』なのである。」（『「国語」という思想―近代日本の言語認識』岩波書店、平成八年、一二三頁）

イ・ヨンスクのいうように、ここにおける言語は、個人間のコミュニケーション手段というものではなく、絶対的存在としての日本の国語でなければならなかったのである。したがって、国体を維持するその日本の国語を批判することなど許されないのである。

上田は母と日本国語を結びつける。彼がこのことを強調したい気持はどこからくるのか。情愛と慈悲の象徴としての母をもってきて、それが天皇制日本国家を支えるものとしたいのである。家族国家観という世界のなかで、国家は擬似の家族として、その内面的支柱となるものが母ということである。

それだけではない。日本の家族制度のなかで、家の犠牲となって呻吟する母、それでも可愛いわが子のために耐えぬき、けなげに生きる母は、子どもにとって絶対的存在なのである。いかなる状況下にあっても、母はわが子に心血をそそいでくれる。この絶対的存在である母にたいして、その良否、善悪などを云々することは許されないことである。日本の国語の良否を云々することなど許されることではないのである。

上田は次のような人間を許すことはできないのである。

「又他の一派の人は、此母を野蠻なり無学なり、馬鹿にぐず〳〵して気力に乏しなどいひて、それよりは他の母を迎へよなど主張す。此の派の人は近来其勢力を失ひしかども、猶一方に其影を絶たざる、西洋語尊奉主義の人に多し。殊に英学者と称する人の間に多きが如し。」(「国語と国家と」、上田、前掲書、一二頁)

上田はドイツ語の「ムッタースプラッハ」、「スプラッハムッター」を用いながら、母なる語、つまり母語を語る。本来、母なる言語とは土着語であって、地方のムラのなかで日常的に生れたものであるはずである。つまり、原初的起源を持つものである。

したがって、この母語というものは、本質的には、近代国家が生みだしたものではない。人為的に、「みがきあげ」られたりして、つくられたものではないのである。両者の間には継続性が皆無というものではないが、つねに葛藤があり、対立があるはずである。母語は作為的につくられたものにたいして、破壊力を発揮することもあるかもしれない。

母語を方言と呼んでもいいし、土着語と呼んでもいい。この母語に恐怖を感じるとき、国家はこれを後退させ、従属させ、強力な弾圧を加えることがある。ちょうどそれは、郷土愛とナショナリズムの関係のようなものである。徹底した郷土愛は、ときとして、ナショナリズムに抗する場合がある。その場合、国家は郷土にたいし厳しい圧力をかける。郷土愛が、非歴史的、超歴史的なものであるのにたいし、ナショナリズムは、近代という起源を持っている。

もともとムラの日常生活のなかから、自然に成立した母語が、そのまま国語や標準語になるわけがない。母語と国語は元来、質的に違うものであるにもかかわらず、それが同一のもののように語られるのは、そこに上田の作為があるのであろう。

この点にふれて鈴木光広は上田を次のように批判している。

「欧州留学から帰朝した明治二十七年、上田は有名な講演『国語と国家と』を行った。

この講演の中でしばしば問題とされるのは、彼が生活の言葉として政治的属性を持たず、国家を超える意味さえ持ち得る『ムッタースプラッハ（母のことば）』という言葉を持ち出しながら、これを『国体』と固く結びつけ、もとの『母語』の概念とは正反対の概念である『国語』にすりかえていることである。」（「上田万年とW・ホイットニー――近代日本『国語』政策の基底―」『国語学』、国語学会〈東京大学文学部国語研究室内〉、平成六年三月、一三〇〜一三一頁）

鈴木がいうように、母語と国語は「正反対の概念」であるにもかかわらず、上田はそれを結合させようとしていたのであろうか。母語が国語であるわけがない。母語とは、それぞれのムラで、ムラ人たちが日常的に使ってきたもので、そのムラ固有のものである。にもかかわらず、鈴木がいうように、上田が両者を重ねようとするのはなぜか。

上田の願望のなかに、日本列島全体が太古の昔より共通の母語を持ち、それが日本の、国語になって欲しいという思いがあったのではないか。いまだ存在していない国語は、国家のために必要な価値で、そのことは理念としてあったのであろう。そして、現実に各地に存在する土着語（母語）は、新たに作成されてゆく国家語に寄与せしめることが可能との見解も示している。

哲学館での「国語と国家と」という講演のあと、明治二十八年十一月四日には、「国語研究会」において、「国語研究に就いて」という話をしている。研究会の趣旨については「此大日本帝国の国語を尊み愛しみ、殊に其学術上取調を励み、其実際上拡張を謀る上では、誰の後にも立つ事を屑とせざる者であります。」（上田、前掲書、二九頁）とのべ、続いて次のようにのべている。

「我等は一方に於て此国語の過去に遡り、又現在に立ち入りて、始終其上にある真理を、尋ね求むる事を怠らぬと同時に、他の一方に於ては、種々の科学の補助を仰ぎて、此国語のミガキアゲに尽力し、かくして啻に日本全国を通じての言語をつくり出すのみか、……（略）……言はゞ東洋全体の普通語といふべき者をも、つくり出さうといふ大決心を有つ者であります。」（同上書、二九〜三〇頁）

日本国家の共通語をつくりだすのみならず、東洋全体に通用するものをつくりだすという、東洋の盟主としての日本を意識している。

上田の要求は受け入れられ、この「国語研究室」なるものは、明治三十三年に設置されている。この研究室の実現というものは、国語の研究が国家によって行われるスタートとなるものであった。上田の胸中には、すでに、日本列島の統一のみならず、植民地への思いがあったのである。

上田はこの国家の言葉としての国語検討、形成にあたって、各地方に存在する多くの土着語を如何にして統一するか、何を模範とし、何を中核とするかという言語の中央集権化、言語統制という問題に直面している。

さまざまな条件を内包しながら、標準語の問題が浮上してくる。彼は「標準語に就きて」のなかで、次のようにのべている。

「予の話にいふ標準語とは、英語の『スタンダード、ラングェーヂ』、独乙語の『ゲマインスプラーへ』の事にして、もと一国内に話され居る言語中にて、殊に一地方一部の人々にのみ限り用ゐらるゝ、所謂方言なる者とは事かはり、全国内到る処、凡ての場所に通じて大抵の人々に理解せらるべき効力を有するものを云ふ。尚一層簡単にいへば、標準語とは一国内に模範として用ゐらるゝ言語をいふ。」(同上書、五一頁)

本来言語というものは、一部の知識人や支配者だけのものであってはならず、すべての人が自分の内心を吐露できて、しかもそれが多くの人に理解可能なものでなければならず、という思いが上田にはあった。

しかし、このことは重大な難問を抱え込んでいることになる。つまり、「解放」と

「支配」ということである。一部の人間の独占から、言葉の「解放」ということは、あらゆる面における公平さの前提となる。しかし同時に、このことは国民国家形成のための民衆統一のための重要な手段でもある。

強制的言語の統一は、国民国家形成のベースの一つである。そしてそれは、植民地統治という地点にまで拡大することでもある。

標準語をつくるにあたって、無から有が生ずるわけではない。とにかく何処かに現存するもの見つけて、それに「人工的彫琢」を加えて、普遍化してゆかざるをえない。上田はこんなことをいう。

「読者も己に知らるゝが如く、標準語は各方言より正しく超絶して、而も其等の上にある各実在の心髄を蒐集採択し、猶他の研究をも加へて、然る後右等方言の融和統一を固定すべき者なれば、其者は必ず実地に話され得べき者ならざるべからず、否必らず何処かに現在語され居る者たるを要す。」（同上書、五六頁）

何処かで現実に生きた言葉として使用されているものということになれば、各地方に存在する土着語、つまり方言ということになるが、この方言の扱いが日程にのぼることになる。方言の採取、分析が標準語をつくるための必須条件となる。

自然的、土着的なものを、作為的、人工的なものにする作業が、標準語をつくるための研究ということになる。地に足をつけた土着語の価値は、本来、空虚な標準語よりも、生活的視点からみればずっと高い価値をもっているはずである。にもかかわらず、日本国民の精神は、また、日本国家の精神は、標準語によって、体現されるべきものだという強制的倫理によって、方言は標準語に従属すべきものとされた。したがって、標準語作成ということは、言語による中央と地方の格差を拡大し、それをまた強要するものでもあった。

上田は地方の土着性、日常性への思いやりも決して無視しているわけではない。ましてや方言撲滅的姿勢をとったりはしない。けれどもその方言の自由というものは、中央語に接近しようとする姿勢があるかぎりのもので、決して中央語に宣戦布告すべき類のものではないと釘をさしている。

ところで、上田はいずれの言葉をもって、標準語の核にすべきにこたえて、それは東京語だという。次のような条件をつけている。

「たゞし、東京語といへば或る一部の人は、直に東京の『ベランメー』言葉の様に思ふけれども、決してさうにあらず、予の云ふ東京語とは、教育ある東京人の話すことばと

云ふ義なり。」（同上書、六三頁）

この「教育ある東京人」のことばにしても、このままでいいというのではなく、彫琢を必要とするという。

標準語作成に関して焦燥の念にかられていた上田は、ともかくこの東京語を標準語にしておいて、修正を加えればよいという。

基本的問題から逐次積み重ねてゆくという時間的余裕などなく、あるのは焦燥感だけであった。あわただしく体制を整えねばならなかった日本の近代国家の本質がよく表現されている。国家の動きによって、国語問題は推移してゆく。国家のための国語であり、標準語であった。

ムラ人が国民になるということは、言葉に関してもいろいろな難問に直面することになる。全人間的感情を包含し、表現しているムラでの土着語は、その価値を奪われ、共同幻想としての国家で通用する標準語にとってかわられることになる。生活者の日常的魂は破壊され、情念も闇のなかに押し込まれてゆく。

上田の国語研究開拓者としての一面を見てきたが、一連の業績は認めざるをえないであろう。独立国家、近代国家として躍進してゆこうとする息吹のなかで、その国家にふさわしい国語を、標準語をなんとしても樹立したいという情熱が彼にはあった。

近代国家を形成してゆくにあたって、不可欠となるものは、上からの強力な統制と同時に、地方に存在する習俗の中央集権化である。言語もその例外ではなかった。

上田の国語樹立に関しての業績は認めることはできるが、忘れてならないのは、この上田の国語に関する情熱が、多くのムラ人の幸福につながったかどうかということである。

ムラに生きる人々は土着語によって多くの言語文化をつくってきた。その固有の文化が標準語によって消されてゆくことはなかったであろうか。土着語でしかつくれないそれぞれの地方文化を生かし、継承してゆくという方向性が上田の心中にどの程度存在していたであろうか。

主要参考・引用文献

上田万年『国語のため』冨山房、平成七年

志賀重昂『志賀重昂全集』第四巻、志賀重昂全集刊行会、昭和三年

『国語と国文学』第十四巻第十二号、至文堂、昭和十二年十二月

橋川文三『ナショナリズム―その神話と論理』紀伊国屋書店、昭和四十三年
前田愛「明治国家とナショナリズム」『伝統と現代』第二十号、伝統と現代社、昭和四十八年三月
鈴木広光「上田万年とW・D・ホイットニー―近代日本『国語』政策の基底―」『国語学』一七六号、平成六年三月
イ・ヨンスク『「国語」という思想―近代日本の言語認識』岩波書店、平成八年
安田敏朗『植民地のなかの「国語学」』三元社、平成九年
安田敏朗『帝国日本の言語編制』世織書房、平成九年
長志珠絵『近代日本と国語ナショナリズム』吉川弘文館、平成十年
上田万年『国語学史』〈新村出筆録、古田東朔校訂〉教育出版株式会社、昭和五十九年
藤田省三『天皇制国家の支配原理』〈第二版〉未来社、昭和四十九年
田中克彦『ことばと国家』岩波書店、昭和五十六年

八　転向と祖国・民族

私たちは、ナショナリズムの意味を日本近代史の上で、厳密に問い、どれほどの成果をあげてきたであろうか。

戦後の日本にあっては、ナショナリズムは他民族の抑圧と侵略の象徴として、また、国内の改革の良心的エネルギー弾圧の象徴として、いわば憎き反動的感情として、その悪徳性が糾弾され、追放されるという運命をたどってきた。

いうまでもなく、この他民族の抑圧、侵略排外的な反動的感情を無視して日本のナショナリズムを語ることは、暴論にちかいといわざるをえない。

しかし、このナショナリズムにたいする激しい糾弾と追放が、かならずしもナショナリズムの本質を突き、その内部構造の持つ複雑性と矛盾を剔抉することになったかというと、そうではあるまい。そして、また、このことは、ナショナリズムの持つ健康な部分を放擲してしまったのではないかという思いが残る。

かつて、ナショナリズムに心酔し、その旗を高くかかげ、力の限り振っていた自分の内面世界に思いをよせ、胸を裂き、心臓をうち破る思いを抱いていた日本の「知識人」、「文化人」がどれほどいたであろうか。

また、羞恥の念にかられながらも、赤面して佇んだ人が幾人いたであろうか。多くの人が、一夜明けて、戦後の流れにうまく迎合し、過去は忘れ、平和と民主主義の担い手らしき顔をして、〝かつての自分は騙されていた〟、〝あの時の自分は狂っていた〟といいながら、生きのびていった。このおめでたい「知」の世界は、いまもって、その「元気」を失ってはいない。そこには激しい格闘のあともなく、観念世界での遊戯があるばかりであった。

ナショナリズムを単純に保守反動に結びつけて罵倒し、反戦、平和を語っていれば、すべてが免罪されるというむなしい空気が充満していたのである。

内面的燃焼のうえに形成された民主主義という歴史を持たないかぎり、いかにその表面が美しく見えても、その民主主義が形骸化してゆくのは当然のことである。

このような風土のなかで、じつに稀有な存在であるが、次のような見解を持つ人もいた。

「日本ファシズムの権力支配が、この民族意識をねむりから呼びさまし、それをウルトラ・ナショナリズムにまで高めて利用したことについて、その権力支配の機構を弾劾《だんがい》することは必要だが、それによって素朴なナショナリズムの心情までが抑圧されることは正しくない。後者は正当な発言権をもっている。近代主義によって歪められた人間像を本来の姿に満したいという止みがたい欲求に根ざした叫びなのだ。」（竹内好『新編・日本イデオロギイ』〈竹内好評論集〉第二巻、筑摩書房、昭和四十一年、二七九頁）

もう一ヶ所あげておこう。

「一方から見ると、ナショナリズムとの対決をよける心理には、戦争責任の自覚の不足があらわれているともいえる。いいかえれば、良心の不足だ。そして良心の不足は、勇気の不足にもとづく。自分を傷つけるのがこわいために、血にまみれた民族を忘れようとする。私は日本人だ、と叫ぶことをためらう。しかし、忘れることによって血は清められない。いかにも近代主義は、敗戦の理由を、日本の近代社会と文化の歪みから合理的に説明するだろう。それは説明するだけであって、ふたたび暗黒の力が盛り上ることを防ぎ止める実践的な力にはならない。」（同上書、二八〇頁）

この竹内の指摘は、ナショナリズムの問題を考えるにあたって、かなりの重さを持っている。しかし、この竹内の発言を十分に継承したかたちでの研究が、その後多くなされたとは思えない。

ナショナリズムの問題を扱うときの条件として、私は平凡だとは思うが、日本人が日本を愛するとか、日本の伝統を重く見たいといった素朴な感情を大切にしたいと思っている。そのことは、日本を離れて、いきなりインターナショナルという幻想をかかげて奔走した結果、内実のないナショナリズム論争が展開されたという反省の上に立っているのである。

どれほど国際的視点を持っても、日本的原質を無視したところに真の国際的視野が開けてくることはない。日本人の特殊性とか民族性を考える場合、人間としての普遍的価値が優先するということを、かたくなに主張する人がいるが、人間としての普遍的価値というものは、どのようにして獲得できるものなのか。

万国の労働者団結せよ、と叫んでも、身近かな日本の労働者の実態が把握できていなければ、それは空虚な叫びにおわるだけだ。

日本の共産主義運動が挫折し、転向という現象が雪崩のように発生したのも、そこに大きな原因があったことはほぼ間違いない。

コミンテルンを絶対化し、信奉して、日本は絶対的ソ連の従属国となるところに、そもそも日本の生きる道はなかったのである。

日本人の心情のにおい、つまり祖国とか民族という特殊な問題を軽視し、あるいは無視したところに、大きな陥穽があったのである。

日本人が祖国というとき、それは近代の産物としての国家と、非歴史的、人類永遠の感情を持続しているところの、あのなつかしい故郷、郷土に寄せる感情とが一つになっていると考えられる。

国家権力が、故郷、郷土への愛情を巧妙に利用して、国家への愛に結びつけようとする作業を認めるとしても、それよりも、なによりも、日本人の心情として、農本的天皇制国家というものが、祖国であり、祖国はわれわれの血液にも似たものであるという感情を無視することはできない。

政治権力としての国家と、郷土、故郷の延長線上にある祖国とは断固として区別しなければならぬことは、政治学のイロハであるが、どれほどの日本人がそのことを現実として認めるであろうか。この素朴な日本人の感情を無視してはなるまい。この両者を断固として区別することなしに、知的世界では生きられないという思いが、たとえ充満しているとしても、私はこの素朴な日本人の感情を無視することはできない。

祖国と同様、民族の持っている意味をも、私たちは、日本近代史の上で、正確に評価してきたであろうか。先にものべたことであるが、日本の民族主義が浮上するとき、それは、排外主義、侵略主義、また、国内の良心的改革のエネルギーの弾圧をもたらすものであるとの主張が多数をしめてきた。このようなことを考慮に入れながら、本稿では「転向と祖国・民族」という問題に接近してみたいと思う。

日本近代思想史の上で、転向の問題は、欠かすことのできない重要性を持っている。人間誰しも、たとえそれが借り物であっても、一度手に入れた思想を、そう簡単に捨てることはできない。しかし、その思想が国家権力に抵触し、その権力によって厳しい肉体的、精神的弾圧を受け、その弾圧に抗しきれなくなったとき、人はそれでもその思想を守り抜くことができるかどうか。そう簡単なことではない。その場合、自分の抱いている思想が、外国からの輸入品であったとするなら、その思想を捨てることは、そんなに困難なことではないのかもしれない。

日本の近代思想と呼ばれるものの多くは、外国からの輸入品であったことで、これを放棄することが、一つの社会現象として大量に存在したことがある。いわゆる転向である。

あの共産党、共産主義が音をたてて崩れていった昭和の時代は、異常とさえ思える現象であった。

国家権力による大弾圧のなか、昭和八年の当時の共産党指導者、佐野学、鍋山貞親の二人が獄中で、転向声明を出したことは、余りにも有名なことである。この両者による転向声明は、共産主義運動のみならず、日本の思想界、社会運動の世界に、はかりしれない動揺を与えるものであった。

転向の問題を考えるにあたって、鋭い指摘をしてくれた一人に橋川文三がいる。彼はこうのべている。

「それ（転向）は、わが国の近代思想史において、はじめて本来的な思想の意味を悲劇的に、かつ逆説的に明らかにしたという意味で、また、およそ思想とよばれるものが生の根底的現実ともっとも究極的に交渉する場合、そこにどのようなすさまじいドラマが展開するかを露呈したという意味で、おそらく幕末・明治の動乱期をのぞいて、もっとも痛烈な思想史上の一エポックを形成した。」（『歴史と体験―近代日本精神史覚書』春秋社、

昭和三十九年、二六～二七頁)

転向が一つの契機となって、真の思想とは何かということの意味を、逆に考えさせてくれるということを、橋川は指摘してくれた。

それまで、近代的「知」によって無視されるか、憎悪の対象でしかなかったものが、転向を契機として息を吹きかえし、多くの日本人の心情をつかむことになる。日本列島で、ながい歴史を持ってきた一つ一つの古層ともいえるものが、日常的に存在しているにもかかわらず、問題にせず、上ばかりを見て歩いていたのである。

つまずいて転倒し、はじめて足もとに存在している自分の血のようなものに気付いたのである。

日本人でありながら、その日本人の血の部分を忘れ、あるいは放擲して、国際人になったつもりでいたのである。しかし、究極的には、自分の安心していられる場所が何であるかを人は探す。日本人は結局日本人の血に拘束されることになる。

升味準之輔は、祖国について、こんなことをいっている。

「祖国は、それから逸脱しようとする運動をひきもどす。またその中に沸騰する渦巻をもっている。祖国は完結した一つの宇宙であるといってよいだろう。われわれは、この点について異様な経験をもっている。忠君愛国という原則で回転した、この精神的宇宙の秩序はいかに強靭であったか。祖国の壁を破ろうとした、いわば宇宙の限界状態にあった人間は、強い引力をもって軌道にひきずりもどされた。また極限状態にまで沸騰した運動も結局宇宙の秩序を破壊することはできなかった。」（「ナショナリズムの構造」『現代思想―民族の思想』岩波書店、昭和三十二年、二五九頁）

祖国というものは、一つの宇宙で、その強靭さを升味はいっている。どんなにそこから脱出を試みようとしても、その精神的宇宙の秩序はそれを引き戻して、もとのさやにおさめてしまうという。升味は転向者のことをいっているのである。彼らは、それまで自分のものにしたと思っていた共産主義を捨て、孤独の生活から、精神の安定場所を求めるのであるが、その場所は、それまで憎悪の対象として扱っていた民族や祖国だったのである。

まず転向者の一人、小林杜人のことに少し触れておきたい。

明治三十五年に長野県埴科郡雨宮県村に生れた小林は、地元の小学校を卒業し、埴科農蚕学校に入学している。家業（農業、養蚕業）を手伝いながら、社会問題、政治問題とかかわり、若くして重要な役割を担っていた。きわめて早い時期に、彼は身近なところに惹起する社会問題の不正、矛盾を具体的に、日常的に体感している。　文学少年であった小林は、次第に社会科学の方面に走りだす。

彼の教科書は、あくまで彼をとりまく社会環境であり、大学や研究所での書物や資料ではなかった。

雨宮県村における同仁会支部創立大会の日に、小林は演壇に立って、かつて自分の犯した差別問題に言及し、涙を流しながら謝罪している。

「小野（小林）は三人の同人を自分の征服欲の内に満足せしめ、圧迫し迫害した。それのみではなかった。小野の級が六年を卒業する時、記念撮影をすることになって居た。其の時全級の者共が申合せて、若し水平社の同人が、一人でもまぢると写真を買はぬと云ふことに決議したのである。そして此の同人三人を追っ払って、とう〲写真をとらせなかったのである。其の外のことは数限りない。そして十五六の物心のつく迄、それを正しいこと、信じてゐたのである。何と云ふ不条理な優越感、迫害であったろう。然るに小野は今同人の無二の友となった。この日泣きながら、それを告白したのであった。そして、『皆さん、どうか許して下さい、此の通り謝罪します。』と云った時、止めどもなく熱いものが頬を伝はるのであった。」（小野陽一〈小林杜人〉『共産党を脱する迄』大道社、

昭和七年、二〇頁）

不当な差別を受けている人たちとの交流を次第に密にしていった小林は、諸々の差別の撤廃に向けて、東奔西走することになる。家業の手伝いをしながら、信濃自由大学に学び、土田杏村、高倉テルなどを知る。

昭和三年に日本共産党に入るが、日本共産党はその年に大弾圧を受ける。小林もその年に検挙される。入党したのが昭和三年の一月二十一日で、検挙されたのがその年の三月十五日であるから、共産党での活動期間はあまりにも短かかった。小林の検挙は周囲にかなりの影響を与えた。そのことを彼は次のように回想している。

「私もこの日未明、日本農民組合長野県連合会本部、労働農民党北信支部事務所で、屋代警察署に検挙された。事務所責任者として家宅捜索に立ち会い日共の検挙であることを知った。同時に、雨宮県村土口のわが家も家宅捜索を受け、母は信濃毎日新聞記者に涙ながらにわが子のことを語りしとか。翌日、雨宮県村小学校長馬場源六は、全校生徒に『わが村より不忠の臣を出した』ことについて訓辞、わが妹は衝撃を受けたりと聞く。屋代町付近の町村は、大逆事件以後はじめて恐怖震撼せりと。」（小林杜人『「転向期」のひとびと』新時代社、昭和六十二年、二一一頁）

当時、ムラ人から共産党員が生れ、そして検挙されるということが、いかなる意味を持っていたかがよくわかる。

ムラ人にとっては、共産党は極悪政党で、恐怖で許しがたい存在であった。ムラ全体が震撼したのである。

獄中での苦悶の内容は、共に闘ってきた同志への思いも強くあるが、長男である小林にとって、家族への愛は同志とは違った深く強烈なものがあった。

家族へのこの熱い思いは、転向者の多くが、転向の動機の一つにしたものである。なかでも母への思慕には、特別のものがあった。母の置かれた家での存在は、子どもにもよく理解できるものであった。

権力は、転向への誘導に、この母との絆を巧妙に利用した。国家権力とは対峙できても、家族を、なかんずく母を裏切ることは、そう簡単なことではない。家族との訣別を覚悟する人も皆無ではなかったが、それはあくまでも例外中の例外であった。

小林は、獄中での両親への思いを次のように吐露している。

「小野は自分の家を想像した。あゝ大変に忙しいだらう、父も母も一生懸命に働いて居るだらう。あの表の間の障子は破れて居て、そこから淋しい電燈の光りを外に投げて居るに違ひない。……(略)……小野は獄中で父母を思ふ時に、俺は社会的功名心などは、かなぐり捨て丶風呂の火番でもやろうと思った。それはどんなに楽しいであらう。父や母が一日働いた体のつかれを洗ひ落すかの様に嬉しそうに湯に這入る、その湯の番をする。あの薪を燃やす度に、風は煙りを小野の顔に吹き捲くるであらう、煙りにむせた赤い顔をして一生懸命に火を燃やす。そして父母の身体を洗ってやる。田夫野人を相手にしたそうした生活は、此の上もない貴い美しい夢であった。」(小野『共産党を脱する迄』六九頁)

家族に寄せる愛情は、多くの場合、反体制、反権力の方向にゆくことはなく、逆に国家権力のなかに吸収されてゆく。家族を拠点として、抵抗権を確立するという姿勢は生れない。個人の自立と家族による個人の拘束との葛藤は、なにも転向の問題にかぎることなく、日本近代文学、近代思想の大きなテーマの一つでもあった。

獄中における小林の胸に去来するものは、家をつつんでくれている故郷、郷土でもあった。文部省唱歌で唄われた「ふるさと」に、いつしか小林の心は奪われてゆく。

地に足のついていない相対主義とニヒリズムという不安のなかで、故郷への回帰は、絶対的依存の大きな価値を持っている。

さらに、小林にとって、転向の大きな動機となったものの一つに、民族、祖国があった。

共産主義運動のなかで、小林は資本家対労働者という関係に重きを置き、批判、攻撃の対象としてしか見なかった民族、国家、天皇制といったことに、獄中で自覚しはじめたのである。資本家とか労働者という前に、日本人、その日本人はいかなる歴史的変遷を経て今日にいたっているのか。民族や祖国をはずして、日本人という人間が考えられるのか。

好むと好まざるとにかかわらず、自分は日本人である。階級的視点を強くうちだすと、日本人の固有性が希薄になる。ながいながい歴史的蓄積があって、今日の日本人が存在し、自分が存在するのである。

抽象的人類史や階級闘争史に目を奪われていた小林は、具体的日本人としての自覚に欠けていた自分のことを痛感したのである。

社会主義や共産主義が、世界平和をもたらし、労働者の解放を実現するとの認識は、間違いではないかもしれぬが、なにか決定的に欠落しているものがある。それは、自分が日本人であり、日本という祖国を持っている一人であるという意識である。

小林は次のような発言をしている。

「世界国家は人類の理想であるが、今急に実現さるゝものではない。吾々日本人は、日本と云ふ国土と三千年の歴史を持って、その上に初めて吾々の存在的事実があるのだから、先づ日本人たることを基礎として考へ行動せねばならぬ。」（同上書、八〇頁）

世界各国の境界を撤廃し、一つの世界国家になり、それぞれの国の労働者が一つになることは、たしかに理想かもしれない。しかし、それぞれの国や民族というものは、それなりの固有の歴史を持っていて、政治も宗教も言語もそれぞれ異っている。それらを急に画一的に一つの器に入れることは、大変な困難と混乱をもたらすことになる。

抽象的人類史や世界の労働者の団結を云々している間にも、多くの近親者が死んでゆく現状をどう考えるのか。それでも幻想を追ってゆくのか。

日本が他国と干戈を交えるとき、階級的視点に立って、敵味方の労働者が団結して誰れと戦うというのか。日本人としての自覚を放擲してまで。小林はこんなことをいっている。

「仮りにソビエット・ロシアと日本が戦争するとして、小野は日本共産党の政策の一スローガンなる『ソビエット・ロシアを守れ』と云って居ることが出来るであろうか。自分にはそれは出来ない。それのみか、そうした場合は、小野は自国のために死を捧ぐることこそ欲するであらう。自分の死骸は、戦場に曝すとも悔いないであらう。そこに理論的に如何に理屈をつけても、実行に移されぬことでは、マルキシズムは何事にもならぬと考へた。それは小野が、自分は親の子ではないと頑張っても親からその血を絶ち切ることが出来ぬと同様だ。」(同上書、一六五頁)

自分の言動が真に自分の血の部分から湧出してきたものかどうか、という不安を小林は抱いた。

金科玉条のごとく信奉していたコミンテルンの方針に疑念を抱き、それまで軽視、また、敵視していた民族愛や国体の問題に、小林の心は動かされるようになる。

表面で国際化を叫びながらも、現実には、コミンテルンはソ連の国際遂行機関となっていて、各国の特殊事情が考慮されていないばかりか、各国の共産党は、コミンテルンに服従をせまられ、圧力をかけられているという認識を持つにいたる。小林はそのことに大きな不信の念を抱き、コミンテルンを脱して、悠久の日本歴史、日本民族に回帰することを決するにいたった。

小林への言及から離れるが、昭和八年七月、佐野学、鍋山貞親が共同で、「共同被告同志に告ぐる書」を『改造』に発表した。先にも触れたが、当時の日本共産党の最高指導者と見られる二人の転向声明である。話題にならないはずがない。

この転向を国家権力への敗北と考えるのは、ごく常識的認識である。しかし、そのことだけではなく、いま一つ民衆からの孤立という面が強くあるのではないか、といったのは吉本隆明である。吉本はこうのべている。

「佐野、鍋山の転向を、天皇制（封建制）への屈服とかんがえるのは、常識的なものであるが、わたしはさらに、このことを、大衆的な動向への全面的な追従という側面からもかんがえる必要があると思う。これを、佐野、鍋山の転向の内面的なモチーフからいいかえれば、天皇制権力の圧迫に屈した、ということの外に、大衆からの孤立に耐えなかったという側面を重要にかんがえたいのだ。」（「転向論」『吉本隆明著作集』〔13〕筑摩書房、昭和四十四年、一六頁）

国家権力の圧力と大衆からの孤立ということは、別途に考えるものではなく、同一の根があるように私は思う。

この二人のうちの一人、鍋山の心意を覗いてみようと思う。彼には、『鍋山貞親著作集』（上・下）がある。平成元年、星企画出版で、編者は鍋山歌子である。鍋山は佐野との二人の転向について次のようにのべている。

「昭和八年初夏、獄中で私は佐野学君と連名しコミンテルンの陣営から去ることを声明した。世に言う転向である。これは天下かくれもない事実だ、その時の提言は次の数点に要約される。一、ソ連邦擁護を中心任務とする戦争テーゼの拒否。二、自国の運命をあく迄も自主的に判断する必要。三、機械的で事実は無内容な祖国敗戦主義を捨て戦争への参加を通じてその帝国主義的侵略企画をアジア諸民族解放の線に沿って内部より挫折せしむべき革命方途の探求。四、大衆の民族感情を尊重し天皇制打倒スローガンの撤去。五、コミンテルンの原則と組織は経験の示すところわが国に適せず且つこれは予想される世界戦争に際し必ず瓦解すべき必然性の認識とこれより離れることの必要、等。」

(『鍋山貞親著作集』〈下巻〉星企画出版、平成元年、一三頁)

鍋山は、これまでの日本共産党の方針にたいし、多くの疑いを持ち、コミンテルンの絶対的存在に強い疑念を抱いた。様々のことが転向の動機となっているが、彼は自分の心情の根本にあるものは、日本民族への回帰だという。

天皇を中心とする民族的統一という感情が、日本人の胸中に深々と存在していることを把握すれば、そのことを尊重し、民族への回帰を念願することは当然のことだと鍋山はこういう。

「私の転向は、つきつめてみると、民族への回帰である。きわめて素朴に、人間としての向上や解放を求める念願から、いつ知らず、階級の世界に己れの場所を見出し、そこに終始しようとして来た。階級の立場を、原理的に追求して行けば、当然、無中心の国際主義になる。共産主義の理念に大事なインターナショナリズムである。ところが、そのインターナショナリズムが現実に演じている役割は、けっして無中心の国際主義でない。ソ連中心の国際主義である。」（『鍋山貞親著作集』〈上巻〉、一七〇頁）

ソ連だけの利益のために存在する国際主義が、インターナショナリズムであるはずがない。ソ連以外の国の利益は無視されている。階級的視点に立って、人間の生存の根源を云々することは、人間そのものを直視することにならないと鍋山はいう。

仮にソ連が労働者の利益を擁護することを優先する国家だとしても、日本とソ連が干戈を交じえたとするとき、両国の労働者は、一致団結して、同志を撃つことはないというのか。ソ連の撃つ弾丸が、日本の労働者を避けて、資本家だけに当るということはない。

戦争の最中にあって、人間は祖国の防衛ということに専念するのではないか。民族を無視して階級が栄えるというようなことが、現実世界にあって、ありえるのかと鍋山は問う。

民族か階級かということになれば、やはり優先するのは民族で、民族は階級と違い、悠久である。自分がこれまで、自明の理と考えていたことに、実は大きな誤りがあったことに鍋山は気づいた。

共産主義の正否はともかくとして、ソ連という一つの国家の利益に奉仕することが、日本人の使命だなどと考えるならば、それは恐るべき日本民族にたいする反逆行為になると彼はいう。これまでの浅慮な考えの自分を反省して鍋山はこういう。

「労働者であるとか、共産主義者であるとかの前に、なによりもまず、日本人であることを忘れている。考えのいちばんかんじんな軸がはずれているのだ。…（略）…自国よりも外国の利益を優位においている共産党を考えると、たまらなく恥ずかしくなった。後の心をもってふりかえれば、あまりにも浅薄である。われながら、ばかばかしいとさえ思う。…（略）…なにしろ、どの国の共産党も、ソ連擁護を綱領の主要題目に掲げ、ソ連の利益のためには、自国を売ることとさえ、共産主義者の名誉ある国際的義務と考えて、ごうも憚らなかった頃のことだ。」（同上書、二九七頁）

人の魂を揺さぶり、人の行動のバネとなる思想とは、その理論的整合性や体系性ではない。近代日本の「知」の雰囲気のなかで、通用し、もっともらしい思想というものの多くは、血、肉に触れることもなく、情念に問いかけることもなく、頭のなかだけで踊っていたのである。

日本列島に住む人間が、長年かけて培ってきた固有の文化を汲み上げることなく、それらと無関係のまま、輸入文化や思想が幅をきかせてきたのである。

こういうことがいえるのかもしれない。つまり、土や血のにおいのするものに執着していたのでは、近代日本の「知」の世界では生きられないという奇妙な状況が生れていたのである。

民族を思うことが、そのまま反動思想につながり、ファシズムのイデオロギーになる危険性を認めるにしても、現実世界にあって、民衆が自然の感情として持っているものにたいし、鍋山は謙虚にこのことを認め、自分の心中深いところでは、それにつながっていることを認める。人間の普遍的価値という視点を重視せよ、という警告を発する人もいるが、いったい人間の普遍的価値というものは、いかなるところから生れるのか。日本人が日本を離れて、いきなり普遍的価値に到達できるかどうか。

日本人は日本人としての固有の価値を徹底さすことによってしか、普遍的なものにつながることはない。

輸入思想に依拠した社会的実践運動が、いかに空虚なもので、足が地についていないものであることを、鍋山も小林も実感したのである。

転向というものは、ある意味では、本人が安息の場を求めることであったし、魂のやすらぎを求めることでもあった。

天皇制や民族の放棄が至上命令であるかのようになっていた日本のコミンテルン信仰が、幻想であることに気づいた鍋山や小林は、ごく平凡な日本人の日常生活に引き戻されて安息したといえよう。

日本の労働者とソ連の労働者が同じ労働者であっても、両者のそれぞれの民族意識や国家観などが同質であるはずがない。

労働者一般とか、人類一般といったものが存在するものではない。

鍋山や小林が教えてくれている転向の意味は、こんなところにあるのではないか。彼らの転向という行為によって、それまで水面下で静かにねむっていたものが、浮上してきたといえる。

主要参考・引用文献

小野陽一（小林杜人）『共産党を脱する迄』大道社、昭和七年
小林杜人編著『転向者の思想と生活』大道社、昭和六十年
橋川文三『歴史と体験―近代日本精神史の覚書』春秋社、昭和二十九年
小林杜人『「転向期」のひとびと』新時代社、昭和六十二年
本多秋五『増補・転向文学』未来社、昭和四十一年
思想の科学研究会『共同研究・転向』（上・中・下）平凡社、昭和三十四年～三十七年
藤田省三『転向の思想史的研究―その一側面』岩波書店、昭和五十年
吉本隆明『吉本隆明著作集』（13）勁草書房、昭和四十四年
鍋山歌子編『鍋山貞親著作集』（上・下）星企画出版、昭和六十四年
升味準之助「ナショナリズムの構造」『現代思想―民族の思想』岩波書店、昭和三十二年

九　修養という問題

明治四十二年に、加藤咄堂は、「修養の目的」などについて、こうのべていた。

「修養の目的は人格を完成し、当世に有用の材たらしむるにあり。此の目的ヲ思索するに当ては先づ人格の何たるやを定めざるべからず。人格とは人たるの資格なり…（略）…人格の本質は自己が自己の意義を自覚し其の価値を認知するに存す、既に自己の意義を自覚し、此の自覚によって行動して敢て他の干渉を容れず、自己は自己に対して全く自由なり独立なり、自由なるが故に正邪を判断し理非を考慮し、独立なるが故に自己又他の為めに動かされず、既に自由なり独立なり、自己は又自己の行為に対して其の責任を辞す能はず、」（『修養論』東亜堂書店、明治四十二年、一三頁）

いま、この加藤の修養について言及することはしないが、修養そのものについて語ることは、危険だという人たちがいる。

今日、学校教育のみならず、社会教育の世界にあっても、個人の自主性、主体性、自由が過剰なまで、もてはやされ、放任主義が流行している。この放任主義が気になる国家は、これにブレーキをかけようとする。教育勅語の復活を真面目に高唱する人たちもいる。

戦後民主主義の下で行われた、自由だとか主体性だとかといった教育の弊害がいろいろな分野で露呈し、個人の自主性には任せられぬという雰囲気が生れた。したがって強力な国家権力でもって、こういう雰囲気を一掃し、個人の自由を拘束する必要があるという至上命令にちかいものが生れつつある。修養教育の復活が説かれることになる。

修養をめぐっては、いろいろな解釈があるが、いずれにしても、帰するところ、支配者が被支配者を統治するために、忍従を美徳とし、支配者にとって都合のいい人間を育成するための手段であるとの見方が優勢をしめてきた。

しかし、修養というものを、そのようなものとして理解するだけでいいのか、それは、あまりにも一面的にすぎはしないか、という疑問が残る。〝修養を積む〟ということは、なにも一方的に、権力者、支配者の思い通りの人間になるための努力を積み重ねるという意味ではない。

自分の精神と肉体を厳しく鍛錬し、人格を陶冶することを徹底すれば、そこには、いかなる外部勢力も、イデオロギーも拒絶したところで生きぬく自律した人間の道が開けてくるのではないか、という期待感が私にはある。

近代日本における修養の問題について、次のように指摘している人がいる。

「近代日本人の人間形成における基本的枠組みとなった《修養》思想は、日本人個々の《自己支配》の自律的願望にもとづいて形成されたものであった。近代日本思想史を通観するとき、《修養》思想は、天皇制国家権力の強制力のもとで、日本人個々の内面的自律性を十分に確保することなく潰え去るか、あるいは国家権力が上から他律的に課した禁欲倫理を、内面的自律的なものに転換するという形で、客観的には忠良なる臣民の形成という役割を演じたことは否定できない事実であるが、しかしそのような帰結は、諸々の《修養》思想が全体として帯びていた批評機能の脆弱さの故にもたらされたものであり、《修養》思想に、本性上、そなわっていたものではなかった。」（宮川透『日本精神史の課題』紀伊國屋書店、昭和五十五年、一二九頁）

精神と肉体を鍛え、人格の向上をはかるという修養というものは、それぞれの時代のなかで、権力に利用されてゆく運命をたどったのは事実である。

日本近代史のなかで、ことのほか修養なるものが、教育の世界のみならず、社会運動として、にわかに浮上してきた時期がある。

国家至上主義とか立身出世主義というようなものが現実世界から後退し、人格の陶冶とか、世俗的人間からの脱却といった空気が濃くなったのである。その背景の一つとして考えられるものは、国家と個人の分離現象である。

国家は、日清、日露の戦争で勝利し、隆々たる発展を遂げていったが、個人はその国家の隆盛とは逆に、生活苦に追われ、未来に不安を感ずるにいたる。国家は自分たちを裏切ったのだという思いを多くの人が抱いた。

もはや、個人の関心事は、国家の方向には向かわず、私的な日常に向かう。このことは、国家にしてみれば、国民統制上の大きな危機である。

国家離脱の現象を食い止めようと、国家はいろいろな策を考える。

国民への道徳論の普及運動が、文部省、内務省などを中心として実施されるようになる。

地方改良運動は、伝統的価値の動揺するムラを強化し、再編せんとするものであった。報徳主義に基づく運動などが内務省バックアップのもとに展開されている。また、地方に存在する若者に注目し、都会の学生とは別の国家的役割を奨励していった。

明治四十一年に国民強化を目的とした戊申詔書なるものが発布された。日露戦争後、国民の間に強力な個人主義、享楽主義的風潮が蔓延したのを是正せんとしたものである。

こうした国家側からの策を受けるかたちで、民間主導の多くの修養運動が展開されることになる。

経済学者河上肇が、ようやく得た大学講師など、すべてを捨てて突入した伊藤証信の「無我苑」運動が、明治三十八年に始まっている。伊藤はこの年に「無我の愛」という機関誌を刊行している。「創刊号」の巻頭で、次のようにのべている。

「吾人の帰する所は我《が》の世界を亡ぼして無我の愛を建設せんとするにある也。吾人は、自力主義、我利主義の基礎に立てる現代の思想界を根底より破壊して、個人の心霊の上に、他力主義、利他主義の大理想を実施せしめんとするもの也。吾人は現代社会の裏面に漲溢せる人類の苦痛煩悶を根本的に除去し、個人の心霊の上に、絶対的幸福の妙境を開顕せしめんとするもの也。」（千葉耕堂『無我愛運動史概観―付伊藤証信先生略伝』無我愛運動史編纂会、昭和四十五年、二六頁）

明治三十九年にスタートした蓮沼門三の修養団は、文部省や内務省の道徳運動に呼応する運動としての代表的存在であった。彼の修養団創設の思いは、次のようなものであった。

「つらつら世のありさまを見れば、滔々《とうとう》として我利我欲《がりがよく》に趨《はし》り、自己のためのみをはかって他人を顧みるの暇なく、人を引き落としても、噛み殺しても、自分の懐に金が入り、おのれの立身ができるならかまうものかと、互いに毒舌《どくぜつ》を吐《は》き毒剣を揮《ふる》って修羅《しゅら》の巷《ちまた》を現出し、互いに血潮を流しておる。…（略）…あふるる熱誠は、現世の状態を黙視するに忍びず。やまんとしてやむあたわざる憤慨の念は、ついに、誠心ある青年の一大団結となり、修養団は組織されたのである。」（『蓮沼門三全集』第十巻、蓮沼門三全集刊行会、昭和四十四年、一〇四〜一〇五頁）

その他、田沢義鋪の青年団運動、西田天香の一燈園の設立など、次々と修養に関する社会運動が活発化していった。

内務省を中心とした地方改良運動の一つとして、地方の若者の訓練、教化があるが、そこで重要な役割を果した人物の一人として、先にあげた田沢義鋪がいる。

田沢は明治四十二年、東京帝国大学を卒業し、二十六歳の若さで、静岡県の安倍郡長になる。この郡長時代に彼は、地方の若者に注目し、この若者たちの社会教育に専念した。全国各地で開催した農村の若者たちの人間形成を目的とした「天幕講習会」は有名である。

五十九歳で他界した田沢の人生は、けっして長くはない。しかし、この間、若者と共に語り、共に苦悩し、共に快哉を叫んだ。新しい官僚として、国家が地方の若者に期待するものが、なんであるかを彼が知らぬはずはない。しかし、国家に都合のいい画一化的若者教育を田沢は鵜呑みにはしなかった。修養の認識も、忠君愛国的犠牲の方向も、彼は国家の至上命令とは微妙に違った色合いを持っていたのである。

ムラで生れ、ムラで生きる若者たちに、田沢は一つの歴史創造の根源的力になる修養の大切さを説いたのである。

修養の実践過程において、具体的な課題として田沢は、国家権力が示す、精神の集中であるとか、断行の勇気とか、種々にあげているが、彼の主張で注目すべきものがある。それは「大いなるものと共に生きる」ということである。人間が自分の持てる力を限界まで発揮した果てに、その力を超えて存在するものがあると田沢はいう。この「大いなるもの」と一体となって歩むことにより、安心立命的世界が開け、人格が磨かれてゆくというのである。田沢のいう「大いなるもの」とは次のようなものであった。

「大いなるものは一切を包括す。人も鳥獣も山河も日月も一として汝の外に出ずるを得ず。神様というか仏様というか、あるいは宇宙の大生命というか、全一の存在というか、なんといったがいいかわからぬが、無限絶大なる存在が一切を包括し、一切に遍満しておいでになるように考えられてならぬ。」(「青年修養論〝人生篇〟」『田沢義鋪選集』田沢義鋪記念会、昭和四十二年、五〇二頁)

田沢には、新しい官僚として獲得していた近代合理主義のほかに、人間の知を超えたところに存在する「大いなるもの」をも想定していたのである。

この「大いなるもの」の絶対無限の力に、宇宙のすべてのものは、従容として従っているという。万物はそれぞれに与えられた運命を懸命に生きている。それから先のことは、この「大いなるもの」に任せればよいと考えている。

田沢は、国家側からの青年教育を推進してゆかねばならぬ権力機構の内部にいながら、それまでの地方に住む若者たちが持っていたムラ内部での自治的完結体としての特色を可能なかぎり生かそうとした。長く続いてきたムラの習俗を無視したものは、それがどのように体裁を整えていようと、それは真に歴史を創造してゆく力にはなりえないことを田沢は知っていた。田沢のめざした若者教育の核心は、そこから発していた。したがって、彼の理想とした青年像は、都会に集まった理屈の多い学生ではなく、地方に生れて育った若者であった。ムラにおける旧慣は、かならずしも個人を押し殺しはしない。むしろ、主体的個人は、ムラから生れるという考えさえも、彼は持っていた。田沢はその意味で、ムラと個人のかかわりに関しては、体験からわりだした近代を超える視点を持っていたといえる。

この田沢が注目した地方青年の一人に山本瀧之助がいる。山本は日本青年団の先覚者、生みの親である。彼は広島県沼隈郡に生活の拠点を置きながら、地方に生きる若者の現状と将来を憂慮し、新たな道を切り開こうとした。

山本の名を世間に知らしめたのは、明治二十九年に、眼病をひきずりながら出版にこぎつけた『田舎青年』であった。

本書の冒頭で彼は次のようにのべている。

「均く之青年なり、而して一は懐中に抱かれ、一は路傍に棄てらる、所謂田舎青年とは路傍に棄てられたる青年にして、更に之を云へば田舎に住める、学校の肩書なく、卒業証書なき青年なり、学生書生にあらざる青年なり、全国青年の大部を占めながら今や殆ど度外に視られ、論外に釈かれたる青年なり。挙世滔々、青年を以て学生の別号なりとし、青年と云へば一も二もなく直ちに学生を以て之に答ふ、ここに於てか、学生にあらざるものは青年にして青年たること能はず、今や都会僅々数万の学生、独り時を得て鷹揚闊歩し、全国青年の大部幾百万人の田舎青年は、殆ど自屈自捨蟄居縮小せり。」(「田舎青年」『復刻版・山本瀧之助全集』日本青年館、昭和六十一年、一頁)

青年といえば学生で、地方に生きる若者にたいする世間や中央論壇の冷やかさにたいする心底からの怨嗟、憤怒がよく表現されている。もちろん、地方の若者自身にも責任がないわけではない。多くの若者が現状に甘んじてしまい、将来の展望を持った覇気ある者は、暁天の星のごとくであるという。

なんとしても「田舎青年」の地位向上をはからねばならない。そのためには、彼ら自身が修養につとめ、眼を大きく開いて、進取の気性を持ち、質実剛健であらねばならぬ。地方に住む若者たちが国家を支える礎になって欲しいのである。彼の心中深くには、田舎は国家の基本で、都会は枝葉であるとの認識がある。

山本は地方の若者のために、獅子奮迅の努力をした。そして、その業績は地元に土着しつつも、日本全国へと認識されるところとなった。

中央の政、官、軍との接触も臆することなく積極的に行っている。数多くの講師をも引き受け、その成果が認められ、山本は文字通り、青年団の先覚者としての地位を確立していった。しかし、この彼の一連の活躍は、国家側からする地方青年対策に協力することになってゆく。

このように、国家の方策を底辺にまで浸透させてゆく役割を果たすことになったのが、民間主導型の修養団体であり、そこにおける教育であった。一貫して説かれたのは、若者の修養ということであったが、結局は忠君愛国のための個人の修養ということに落ち着いてしまう。

しかし、考えてみなければならないことは、強力にして高潔なる精神を鍛えあげ、人格を陶冶するという修養は、国家や支配権力を支え、それに忠誠を誓うためというところにその本質があるのではないということである。

人間として、個人として修養を積むということは、国家や権力と本来は、かかわるものではない。しかし、ともすれば、個人として修養を積むということが、国民として修養を積むということと一致してしまうことになる。そうさせられる雰囲気がつくられてゆくのである。

このような修養の辿る運命に抗しながら、狭隘な道を探求していった例外的人物がいた。私はそのような人物の一人として、清沢満之に触れてみたいと思う。

宮川透による清沢の修養論からみてゆきたい。

「清沢満之における《修養》思想は、帝国主義への移行期にあった天皇制国家権力の対内的・対外的暴力性とそれが生み出す罪悪に対する、内面的な抵抗の論理と心情として成立したものであるが、それは一般化していえば、総じて国家権力なるものの強制力に対していかに対処すべきか、孤独な一知識人がその生涯を賭して試みた貴重な《思考実験》として、現代のわれわれに呼びかけるものをもっているといえるであろう。」（宮川、前掲書、一五〇〜一五一頁）

文久三年（一八六三）に生れ、明治三十六年（一九〇三）に他界しているので、清沢の一生はけっして長くはない。四十年そこそこの時間のなかで、堕落した仏教界、教団という現実と闘いながら、怒り、悲しみ、激情を押え、冷やかに人生を語り、人間の内面の究極的問題の追求に全力を尽した。それは文字通り、命がけの格闘であった。

多くの知識を持っている人は、群をなして存在しているが、命と交換するほどの熾烈な闘いのなかで思想を構築してゆく人は多くはいない。

生命を賭して格闘し、ついに砕けてしまった清沢から、いま、私たちは何を学ばねばならないのか。次に略年譜を記しておこう。

文久三年―名古屋で徳永永則、タキの長男として生れる。
明治十六年―東京帝国大学文学部哲学科入学、学内騒動に連座し退学。
明治十七年―東京帝国大学再入学、フェノロサのヘーゲル哲学に感銘を受ける。井上円了らの「哲学会」に関係する。
明治二十年―哲学科卒業、大学院に進学、宗教哲学を専攻する。
明治二十一年―京都府立尋常中学校長に就任、清沢ヤスと結婚し、愛知県三河大浜西方寺に入る。
明治二十二年―「純正哲学」を書き、『哲学館講義録』に掲載。
明治二十三年―中学校長を辞任し、禁欲生活を始める。
明治二十五年―『宗教哲学骸骨』を出版。
明治二十七年―結核の診断を受け、教職を辞し、兵庫県垂水で転地療養。
明治二十八年―療養を引き上げる。『他力門哲学骸骨試稿』を脱稿。清沢姓となる。
明治二十九年―京都白川村にこもり、稲葉昌丸らと「教界時言」を発刊、宗門改革を主唱。

明治三十年―大谷派革新全国同盟会を結成、運動主唱者として除名処分を受ける。家族と大浜に帰り、『四阿含』などに親しむ。

明治三十一年―除名処分解かれる。「教界時言」廃刊、『エピクテタス語録』を読む。

明治三十三年―真宗大学建築係に任命される。暁烏敏らと浩々洞を開く。

明治三十四年―浩々洞より「精神界」を発刊、精神主義運動を展開。真宗大学学監となる。大谷会評議員となる。

明治三十五年―学生の反抗がもとで真宗大学学監を辞任。長男、妻を相次いで失う。

明治三十六年―死去。

（この年譜は、橋本峰雄編『日本の名著43、清沢満之・鈴木大拙』中央公論社、昭和五十九年、吉田久一『清沢満之』吉川弘文館、昭和三十六年などを参照して作成）

東京帝大での成績は抜群で、卒業後は、大学院に入り、宗教哲学を専攻している。西洋哲学にたいする清沢の情熱は相当なもので、研究生として学問を続けていれば、一流の学者になったことは間違いないとの評価は、衆目の一致するところであった。

しかしながら清沢は研究者としての道は選ばず、宗教人として生きる決意をする。自分に学問の機会を与えてくれた、東本願寺への恩返しであった。

大学を去り、京都府立尋常中学校の校長となるが、この校長時代が彼の生涯でもっとも華やいだ一瞬だった。高給をもらい、立派な家に住み、山高帽をかぶり、人力車で学校に通うという生活ぶりだった。

しかし、この校長の生活は長く続くことはなかった。明治二十一年に就任し、二十三年には突然この職を辞している。洋服は僧服になり、禁酒、禁煙、肉食は避け、妻子は遠ざけた。僧侶の原点に回帰しようとしたのである。

突然の禁欲生活の厳しさは、当然のことであるが、清沢の肉体をとことん蝕むことになる。蒲柳の質であった彼は、死の問題に直面することとなる。清沢を取巻く人たちは、この彼の容姿の激変ぶりに驚いた。何が彼をして、このような変転ぶりを生起させたのか。いうまでもなく、仏教界の腐敗、堕落に清沢の心は揺れ動いていたのである。真の僧侶というものが、いかなるものでなければならないか、清沢は自分が範を示さねばならなかったのである。

僧たる者、真の宗教的信念を持たねばならぬが、その「宗教的信念の必須条件」として清沢は次のようなことをいっている。明治三十四年十一月のことである。

「私が実際上から思うて見ると、宗教的信念に入らうと思うたならば、先づ最初に総ての宗教以外の事に物々を頼みにする心を離れねばならぬ。自分の財産を頼みにし、自分の妻子朋友を頼みにし、自分の親兄弟を頼みにし、自分の位地を頼みにし、自分の才能を頼みにし、自分の学問知識を頼みにし、自分の国を頼みにするやうではいかぬ。総て世の中の事々物々、いかなる事物をも頼みにしないと云ふやうにならねば、中々宗教的信念に入ることはできまいかと思ふ。家を出て、財を捨て、妻子を顧みぬと云ふ厭世の関門を一度経なければ、なか〳〵ほんたうの宗教的信念に到ることはできぬであらう。」

（「宗教的信念の必須条件」『清沢満之全集』第六巻、法蔵館、昭和四十四年、一四一頁）

自分がこれまで依存してきたもの、すべてを放棄し、裸一貫になることが、宗教的信念への第一歩であるというのである。

ここには清沢の宗教のみならず、修養というものの本質がよく表現されている。

やがて、明治三十五年には、長男、妻が他界し、清沢も血を吐き、三河大浜の西方寺に帰る。明治三十六年、「我が信念」を書きこれが絶筆となった。

この短い生涯で、清沢は何を残したのか。学究の徒であり、宗教人であり、求道者であった彼が最後に辿りついた地点とは。清沢がそこに到るまでの苦闘、修養の足跡は、近代日本思想の流れのなかで、いかなる意味を持っていたのか。

清沢は明治三十六年七月六日に他界するが、その直前に前述した「我が信念」を書いている。苦難の道を辿りながら到達した究極の心境を伝えたものである。

切っても切っても、まとわりつく煩悩と対峙しながら、やっと到達した如来信仰告白の書である。

「我が信念」の概略をのべておこう。

これは清沢の信念とは、そして彼の信ずる如来とは、いかなるものであるかについての解答である。

如来を信ずることの効能について、彼はこういっている。如来を信ずることにより、それまでの煩悶、苦悩が消えてなくなると。いかなる刺激や困難が侵入してきても、この信念が現存しているかぎり、敗北はしない。

清沢が如来を信ずるのは、それなりに大きな根拠があった。それは、「智恵の窮極」というものであった。人生の意義について徹底した研究を重ねても、そのことの真意は不可解であったが、ついに、その果てに如来を信ずるということが惹起したという。

知識を獲得し、知恵をしぼり、思索のかぎりを尽して、その果てに辿りついたのが、この境地で、自分には、この順序が不可欠だったという。

自分の信ずる如来について、清沢は次のようにのべている。

「私は何が善だやら、何が悪だやら、何が真理だやら、何が非真理だやら、何が幸福だやら、何が不幸だやら、何も知り分くる能力のない私、随って善だの悪だの、真理だの非真理だの、幸福だの不幸だのと云ふことのある世界には、左へも右へも、前へも後ろへも、どちらへも身動き一寸することを得ぬ私、此の私をして虚心平気に、此の世界に生死することを得しむる能力の根本本体が、即ち私の信ずる如来である。」（「我が信念」『清沢満之全集』第六巻、二三〇頁）

世の中で起きる事象一つ一つについて、無能力の自分には、判断も理解もできない。このことにもしも執着していたなら、最後に残るものは、自殺の道しかないと清沢はいう。

それぞれの事象について理屈をつけることは簡単なことであるが、その理屈が消え、今度は別の理屈が登場することになり、前のものを殺してゆく。理屈とはそういう、きわめて不安定なものである。信仰のみが、その理屈をこえて存在する。清沢は、「我が信念」を次のように締めくくっている。

「私は善悪邪正の何たるを弁ずるの必要はない。何事でも、私は只だ自分の気の向ふ所、心の欲する所に順従《したが》うて之を行うて差支はない。其の行が過失であらうと、罪悪であらうと、少しも懸念することはいらない。如来は私の一切の行為に就いて、責任を負うて下さるゝことである。…（略）…私は私の死生の大事を此の如来に寄托して、少しも不安や不幸を感ずることがない。『死生命あり、富貴天にあり。』と云ふことがある。私の信ずる如来は、此の天と命との根本本体である。」（「我が信念」、同上書、一二三三～一二三四頁）

この清沢の発言を放縦とか無責任と受けとってはならない。絶筆となったこの「我が信念」には、清沢の短かくも厳しい歩みと、その到達点とがよく表現されている。

学究のスタート地点に立っていたとき、彼は宗教的直観で結論を出すということはみずからに禁じていた。あくまでも理詰めで徹底的に追求する資質の持ち主であった。哲学的思考を徹底すれば、宗教の本質にせまりうると考えていたのである。

東京帝国大学で、フェノロサに出会い、ドイツ哲学の頂点といわれたヘーゲル哲学との邂逅は、清沢の人生と学問にきわめて大きなものを与えている。吉田久一は、清沢とヘーゲルの関係を次のように語っている。

「彼はヘーゲルから理性における無限を学び、仏教の安心《あんじん》は単なる宗門的伝承ではなく真理や理性に基ずかねばならないと考えた。また阿弥陀仏を救済主とみないで宇宙間の一大理法だとして理解した。たしかにここには、科学的宗教はあるが、信仰はないかも知れない。しかし信仰が、教団政治によって混濁化したこの時期に、いま一度理性的な形で宗学を問いなおしてみることは近代信仰の樹立をはかる際の前提であったろう。……(略)…ヘーゲルがカントほどの関心を持たれなかった二十年代に、満之がヘーゲルの影響のもとに、大学卒業後間もなく、仏教を哲学的に解釈した『宗教哲学骸骨』を著作したことは注目される。」(『清沢満之』吉川弘文館、昭和三十六年、六五〜六六頁)

あくまでも理論的に押しきろうとする。理屈で、どこまでも攻め込むという手法を清沢は選択していた。

信仰というものが、情操とか直感とか神秘という非論理的なものであることを十分に知りながら、教団の腐敗によって混濁してしまった現実にたいし、是が非でも論理的に押して、辻褄の合うまで追求しようとしたのである。この努力が実を結んで『宗教哲学骸骨』が生れたわけである。つまり、この『宗教哲学骸骨』は、いわば清沢の知的作業の極限状況の産物であった。

道理と信仰の関係について、清沢はこうのべている。

「宗教の宗教たる所以の本性に於いては、信仰を根本と為すと雖も、若し夫れ、宗教内の事に疑あるに当りては、豈に道理の研究を拒まんや、…（略）…宗教は信仰を要すと雖も、決して道理に違背したる信仰を要すと言ふにあらず。若し道理と信仰と違背することあらば、寧ろ信仰を棄てゝ、道理を取るべきなり。何となれば、真の道理と、真の信仰とは、到底一致に帰すべきものなれども、道理はこれを正すに方あり。信仰は之を改むるに軌なければなり。」（「宗教哲学骸骨」『清沢満之全集』第二巻、法蔵館、昭和三十年、四〜五頁）

西洋の哲学を徹底して受容していた清沢にしてみれば、論理的に結論のでないものは、否定したかった。直感とか感性とかに依存することよりも、知的作業を徹底して推し進めてゆく道を、彼は選択し、それを保守していきたかった。

しかし、この道を選べば、当然のことながら、認識主体と客体とが分離し、前者が後者を支配するという関係が生れてくることになる。

この世界にあっては、人間が他のすべてを支配できるという傲慢さが生れ、論理、合理が圧倒的優勢となり、信や情といった世界は、闇のような無気味さを持ったものとして映ってしまう。この闇を消すために、近代的知は血眼になる。闇のなかに深く宿る不安と恐怖に怯え、ついにそれを避けるか、理不尽な弾圧を加えるか、ということになる。清沢は、そのことに、やがて気付くのであるが、その地点に到達するまでに、文字通り命がけの修養をみずからに課さねばならなかった。

最初から神秘、非合理の世界を唯一のものと信じて生きる人たちにとっては、あらゆるものの認識に迷いはない。しかし、近代的知という色に一度でも染った人間には、非合理の世界を受け入れることは、至難のわざである。

強力な合理や論理といったものを、一度真剣に自分のものにした清沢は、それゆえに苦悩した。「安心」を獲得するために、自我にまつわるあらゆる欲望を徹底的に殺ぎ、禁じ、主客分離の原則を破壊してゆかねばならなかった。

理屈で推して推して推しまくり、ついに理屈では見えていなかった世界を見ることができるようになる。この修養のため、最終的には、清沢の生命は奪われてゆくのである。この自分の肉体の限界まで禁欲を課すことを、清沢は「ミニマム・ポシブル」と呼んだ。身辺に存在するあらゆる装飾品を捨て、生きるための最小限度のものだけを残し、そこに自分を追い込んだのである。生命あるかぎり、彼はこの禁欲生活を続ける。その生活スタイルは、行者的生活にちかいものであった。

当時の清沢の姿は、次のように語られている。

「二十三年、師は校長の職を辞せり。其れ以後の挙動の変化は実に驚くべきものにして、在来の洋服高帽は忽ちにして麻の衣に変じ、夫人の衣服に至る迄、凡て絹布を禁じ、毎朝未明に東本山に詣でぬ。下駄は一本歯の物を用ゐ、寒風肌を裂くの朝も、一日の欠くることなく（当時住居は油小路丸太町にあり）、其の他人力車を禁じ、喫烟を禁じ、麦飯を用ゐ、一食必ず一菜に限れり、頗る行者的生活に趣味を感じたるもの、如し。」（大井清一の言、『清沢満之全集』第三巻、法蔵館、昭和三十二年、六九三頁）

徹頭徹尾、自分をいじめ抜き、日常的欲望を禁じ、行者に強い関心を寄せた。人間というものが、平素いかに不必要なもののなかで生きているか、真の僧は、この不必要なものをどこまでも殺ぎとる覚悟が要ると清沢はいう。

この「ミニマム・ポシブル」を核とした修養は、清沢の生涯を貫いて流れるものとなる。

この清沢の修養という問題を、彼の精神史を超えて、近代日本思想史上、いかなる意味を持つものであったかについて、少し言及しておきたい。

ここで唐木順三の修養論を参考までに、あげておきたい。

「修養や修行の修、をさむには正すとか整へるといふ意味がある。軌範によって自らを規制するわけである。放漫に走らうとする諸欲望、諸煩悩をおさへて、典型に従って自己を型にまで仕上げることを意味する。さういふ道程を意味する。狭き門から入るわけである。自己規制による自己形成であらう。」（『新版・現代史への試み』筑摩書房、昭和三十八年、二三四～二三五頁）

この修養という人間の鍛錬は、ある時代を生きた人たちにとっては、ごく普通の現実問題として存在していたのだと唐木はいう。

「幼いとき、武士の家に生れた以上、必要な場合には切腹をしなければならないと教へられた森鷗外、初対面の小宮豊隆があぐらをかいたのを叱った夏目漱石、…（略）…典型は生き、修養は生きてゐた。ともに明治改元前後に生れた人々である。一般に明治二十年前後に青年時代を送ったエリットのなかには修養は現実的であった。」（同上書、二三五頁）

清沢は、森鷗外や夏目漱石とほぼ同時代の人である。儒教的雰囲気を基本とする禁欲的修養は、彼にとっては、ごく普通のことであった。生きる基本として持ち合わせていたといえる。しかし、基本はあくまで基本で、その上に、それをかきたて、新たなる行為を前面に押し出すには、さらなる強烈な禁欲的修養が必要となったのである。

ところで、強力にして高潔な精神を鍛えあげ、すぐれた人格を陶冶するという修養は、国家権力に忠誠を誓うために、その本質があるわけではないが、ともすれば、そこへ持ってゆかれる危険性が多分にある。つまり、国家に忠誠を誓う国民を育成するための手段に帰結してしまうのである。こうなると、個人の修養がそのまま国家の修養と一致することになんの疑いもなくなる。

儒教的教育の環境のなかで育った清沢が、公をないがしろにすることは困難なことであったが、しかし、彼には自分の修養が国家に奉仕すべきものだとする視点はない。宗教が、富国強兵のために存在するなどということも許してはいない。

厳しい自立に向うことを忘れた修養は、国家の介入を許してしまう。

宮川透の次の発言は傾聴に値いするものである。

「《修養》思想の担い手の体制感覚の相違にもとづく自律性の強弱に相違はあるが、このような《自己支配》の願望こそ、《修養》思想の本質を物語るものであった。《自己支配》の自律的願望が内的必然性をもち、強烈かつ高邁であるとき、個人精神の自立を生

み、国家権力の強制力と暴力性に対する内面的な抵抗の姿をとるであろう。」（宮川、前掲書、一三七頁）

清沢は、直接的に、また赤裸々に国家権力と対決しているわけではない。国家の否定を説いているわけでもない。彼の行動は、あくまでも教団内部の改革であり、そこにおける精神の浄化であった。しかし、教団が国家権力に隷従していたことは明らかであるから、この国家の呪縛からの解放ということが、清沢の行為のなかに見られることになる。その闘いは、現実世界における彼の肉体を一つ一つ崩壊してゆくことになった。

日清、日露戦争を経験し、日本はナショナリズムの高揚機を迎えていた。国家はあらゆるものを支配下に置き、忠誠心を誓わせようとする。宗教もその例外ではなかった。地方に存在した土着の固有信仰も、いろいろと色をつけて、国家的なものに変えていった。国家の繁栄に貢献するもののみが愛され、脚光をあびることになる。そのような環境のなかで、清沢は死闘を繰り返し、内面的自立性を確保しようとしたのである。

私は清沢の修養には、ことのほか堅固な型を見ることができるように思う。それは彼の「ミニマム・ポシブル」的生活のスタイルである。いま一度、この問題に触れておきたい。

この禁欲生活は、明治二十三年の夏に始まり、四年後、つまり明治二十七年春、結核発病ということにより、一応終結するが、この四年間というものは、生きることの限界まで自分を追いこんでいる。明治二十四年、母の他界から、彼の禁欲生活は、ますますその厳しさを増した。自分を型にはめ、身動きできないところまで、拘束したのである。

麦飯を食い、一食一菜に限定し、清沢本人はいうまでもなく、妻の衣服も絹布は禁じている。清沢と弟子の関係が、逆に見られた様子を次のようにのべている人もいる。

「京都に居った頃のこと、或る日、私は先師と途中で邂逅し、それより或る処へ同伴をしたが、先師は綿服、私は絹服、蝙蝠傘も下駄も皆違うて居る。何処から見ても同等のものとは見えぬ。すぐさま先師は私の侍者と見誤られてしまうた。此の時の私の慚懼は喩へやうはない。穴あらば這入りたいとは此の時のことであった。」（井上豊忠の言『清沢満之全集』第三巻、六九四～六九五頁）

清沢は、なにゆえに、ここまで禁欲自戒の生活で自分を拘束する必要があったのか。教団の乱れや僧風の頽廃をなんとかしなければならぬという強烈な思いが清沢にあったことはいうまでもない。しかし、そういう強烈な思いをバネにしながらも、彼は堅固な内面的自律を希求し、あらゆる外部勢力からの解放をはかったのではないか。死の直前まで自分を追い込む実験はそのことを意味するように思う。清沢が行者にたいして異常なほどの関心を寄せていたのは、そのことを物語っているのであろう。

行者的生活は、清沢の理想であった。人間の生命維持のための最小限度は奈辺にあるか、不必要なものを次々と取り除いていって、最後に残るものはなにか。その残ったもののなかに、彼は無限の自由を獲得したのである。

これ以上は小さくならないという型がそこにはあった。その型のなかで、ほとんど狂気にちかい修養というものを、清沢は設定した。

人格陶冶の過程で、伝統的に重視されてきたものに型というものがあるが、清沢の「ミニマム・ポシブル」は、その極限の型ということができる。

戦後世界にあって、日本人は個人の自由とか、自主性というものを重んじすぎるあまり、型というものが極力嫌われ、型を破り、型からの解放を主目的にする教育が優先されてきた。したがって、型とか規範というものが、個人の人格形成にとって、価値あるものだということが、問われぬままに、教育がすすめられてきた。

軍国主義の横行という不条理な抑圧のなかで行われた戦前、戦中の教育にたいする反省、反発が強く、一時影を薄くしていた「大正教養主義」が再評価されたのである。この「大正教養主義」のマイナス面を、戦後教育は、引き継いだようなところがある。型にはまったことから解放されることを旨とする教養の問題が、修養にかわって人気を呼んだのである。

唐木順三は、教養について、このようにいう。

「それ（＝教養）は明らかに儒教的な『修養』に対置される概念である。修養といふ文字の古くささに対して教養が如何に新鮮な匂ひをただよはしてゐることか。そこでは『型にはまった』ことが軽蔑せられる。形式主義が斥けられる。そして人類の遺した豊富な文化の花の蜜を自由に、好むままに集める蜜蜂のやうな読書が尊ばれる。そしてその花蜜によって自己の個性を拡大しようとする。」（唐木、前掲書、二二一頁）

型や拘束を無視し、教養主義は自由を欲し、洋の東西を問わず、多くの古典を読み、沈思黙考した。それにたいし、修養は晨起打坐、夜打坐、声を発する読書など、さまざまな身体の鍛錬を伴うものであった。そこには心と肉体とが一つになる世界があった。その一体となったものを分断するところから、教育の本質が崩れていったのである。

教養主義というものは、いわば甲羅を失った蟹のようなもので、外部の敵にたいし、無防備で、やすやすと敵の侵入を許してしまう。

唐木は、「軍」という例をもってきて、次のようにのべている。

「彼等は機械的に天皇を絶対化した。国家を絶対化した。統帥部を絶対化した。さうして自己自身を絶対化した。その絶対化は機械的であった。…（略）…軍の絶対化の前に政治も文学も委縮しまたは追随した。何故にさういふことが簡単に行はれたか。軍が型をもってゐたからである。或はむしろ型そのものであったからである。彼等の型は単独に型であった。普遍に媒介されず、個性に媒介されず、交互作用をぬきにして型そのものとして、固定したものであった。頑固極まるものであった。」（同上書、七一頁）

軍隊には、確固とした型が存在した。それを知識人、教養人は嘲笑し、軽蔑し、無視しようとした。しかし、現実世界において、それは大きな力を持ち、あらゆるものを突き破り、突き動かしてしまった。

近代主義者たちは、この軍隊を心のなかで蔑視したが、その蔑視したものによって、いとも簡単にしてやられた。

戦後教育の大勢は、この型を軽く見て、教養に重点を置いた。軍国主義からの解放を叫び、自由、平等、平和を過剰なまでに喧伝した。

拘束、束縛ということが優先されるのは、きわめて危険なことではあるが、この型を持ったものにたいし、教養主義が、なに一つ抗することができなかったことへの反省がないのは、もっと危険なことである。

原子化され、浮遊化している甲羅のない蟹になってしまった現代人たちは、自分の依拠すべき、あるたしかな型を欲しがってはいないか。

清沢の「ミニマム・ポシブル」に見られる徹底した修養は、いま、私たちに何を教えているのであろうか。

主要参考・引用文献

唐木順三『新版・現代史への試み』筑摩書房、昭和三十八年
寺川俊昭『清沢満之論』文栄堂書店、昭和四十八年
宮川透『日本精神史の課題』紀伊國屋書店、昭和五十五年
橋本峰雄編『清沢満之・鈴木大拙』(日本の名著43)中央公論社、昭和五十九年
阿満利麿『宗教の深層』筑摩書房、平成七年
武田清子『天皇制思想と教育』明治図書出版、昭和三十九年
『清沢満之全集』法蔵館、昭和二十八年~同三十二年
司馬遼太郎『歴史と小説』河出書房新社、昭和四十四年

吉田久一『清沢満之』吉川弘文館、昭和三十六年
加藤咄堂『修養論』東亜堂書房、明治四十二年
千葉耕堂『無我愛運動史概観―付・伊藤証信先生略伝』無我愛運動史編纂会、昭和四十五年
『蓮沼門三全集』第十巻、蓮沼門三全集刊行会、昭和四十四年

十　生き甲斐論

次のような文章の引用から、この論をはじめようと思う。

「大部分の人間は、世間から押し付けられた『生き甲斐』を後生大事に守っています。その結果、会社人間になり、仕事人間になり、奴隷根性丸出しで生きています。そして挙句の果ては世間に裏切られて、会社をリストラされ、あるいは病気になって働けなくなり、それを『人生の危機』だと言っては騒いでいます。おかしいですよ。それは奴隷が遭遇する『生活の危機』でしかないのです。本当の『人生の危機』は、あなたが世間から『生き甲斐』を押し付けられたときなんです。」（ひろさちや『「狂い」のすすめ』集英社、平成十九年、六二頁）

この発言はよくかみしめねばなるまい。

日本の近代に限定しても、いかに多くの生き甲斐論が提供され、大量生産され、それを、いわゆる弱者と呼ばれる人たちは、有難く受け入れ、あるいは無理矢理に押しつけられ、それがあたかも自分で作った生き甲斐論だと錯覚して生きてきたのである。

国家と個人の場合を考えてみよう。ことに、戦中派と呼ばれた人たちの運命である。彼らは戦場に赴くことは、死を覚悟せざるをえない状況下に置かれていた。

その環境のなかで、自分の死と向きあわざるをえなかったのである。そこには国家が用意した生き甲斐論があった。一人一人の兵士は固有の生き甲斐論を持ってはいたが、それらは結局のところ吹きとばされ、国家のため、天皇のために死ぬことが、生き甲斐であることを強要されたのである。つくられた「死の美学」というものを自分に納得させねばならなかったのである。

本稿では、梅棹忠夫が「生きがい論」で主張しているいくつかの点に注目し、紹介し、それを中心に私見をのべることにする。

昭和五十六年に、梅棹は『わたしの生きがい論―人生に目的があるか』という本を出版している。内容は、「キバと幸福」、「未来社会と生きがい」、「人間と社会とアドベンチャー」、「文化エネルギー発散のすすめ」、「武と文」である。

このなかの「未来社会と生きがい」に注目してみたい。この論考には、次のような

「解説」がついている。

「朝日新聞社では昭和四十五（一九七〇）年ごろから、東京・大阪の両本社で、「朝日ゼミナール」という連続講座をひらいていた。一九七〇年の春のコースは、東西とも『生きがいとは』というテーマであった。ただし、講師は東京・大阪それぞれ別の編成になっていた。わたしはその大阪のほうのコースに出講した。…（略）…講義は、毎週一回、火曜日の夕方、中之島の朝日新聞社ビルの会議室でおこなわれた。各講師とも、二週間から四週間にわたる連続講義であった。わたしは、五月二十六日、六月二十三日、六月三十日の三回をうけもった。」（『わたしの生きがい論―人生に目的があるか』講談社、昭和五十六年、六一頁）

彼の発言のいくつかに注目してみたいと思う。

(1)人生に目的があるか

そもそも人生に目的があるかどうかという問題に答えて、梅棹は、そんなものはない、と簡単にいう。人生の目的など考えること自体が意味がないといっている。彼の発言を引いておこう。

「人生の目的は何か、これは昔からよくいわれる疑問ですけれども、人生の目的は何かという質問自身を、わたしは基本的には意味がないというふうにかんがえています。人生に目的なんかあるものですか。そんなものあるわけがない。人生というものは『ある』のであって、目的も何もあったものじゃない。」（同上書、七八〜七九頁）

強いていうならば、生きていることが、自己目的であるという。

人生に目的などないということは、なにも梅棹にいわれなくとも、当然のことである。そんなものがあってたまるか。人はただわけもなく生れ、やがてわけもなく死んでゆく。ただそれだけのことなのである。

人生の意味など探そうとすれば、なにものかの奴隷になるしかない。人のため、世のため、国家のためといったようなものをながい間、私たちは押しつけられて生きてきた。世間の常識というものは恐ろしいということを知らねばならない。弱い立場に置かれている人間を世間というものは奴隷にする。

人生の意味というものを誰が、何のためにつくったかを真面目に考えねばならない。

人が生れ、死んでゆくのは、大河の流れに浮き沈みしながら流されてゆく一葉のようなものである。とりたてて問題にするほどのものでもない。「人生に意味なし」を語ったサマセット・モームの言葉を引いておこう。

「人生の意味など、そんなものは、なにもない。そして人間の一生もまた、なんの役にも立たないのだ。彼が、生れて来ようと、来なかろうと、生きていようと、死んでしまおうと、そんなことは、一切なんの影響もない。生も無意味、死もまた無意味なのだ。」（『人間の絆』〔下〕、中野好夫訳、新潮社、平成十九年、四八二頁）

深沢七郎もこんなことをいっている。

「屁《へ》をひるということは悪事を働いたのではないけれど、下劣な行為のように思われるらしい。が、私はそれ程タイしたことでもないと思っている。屁は生理作用で胎内に発生して放出されるもので、人間が生まれることも屁と同じように生理作用で母親の胎内に発生して放出されるのだと思う。私は一九一四年一月二十九日、山梨の片田舎町―石和《いさわ》に屁と同じ作用で生まれた。人間は誰でも屁と同じように生まれたのだと思う。生まれたことなどタイしたことではないと思っている。」（「自伝ところどころ」『深沢七郎集』第八巻、筑摩書房、平成九年、一二頁）

モームにせよ深沢にせよ、日本の「知識人」、「文化人」と呼ばれた人たちが、大切に積み重ねてきたものを、いとも簡単に切り捨てて平然としている。人生の意味だの、自我の確立だのといって、後生大事にしてきたものをあっさりと切り捨てて問題にしないのである。

日本の近代が、表面でもっともらしく人間尊重、人生の意味などを説きながら、裏面でどれほど多くの弱者を無視し、放擲してきたことか。ヒューマニズムや近代科学技術文明の裏にかくされた非人間的行為を見逃してはならないのである。

深沢の作品の一つに『人間滅亡的人生案内』というものがある。これは深沢がいろいろな人の「人生相談」に答えたものを集めたものであるが、本書を貫いている彼の見解に少し触れてみたいと思う。深沢の反応のいくつかを紹介しておきたい。

「生きるに価する何かを発見するなどとはとんでもない思いちがいだと思います。ヒットラー、徳川家康、と大きなことをしようとした人たちは結局、なんのために努力したかわからないと思いませんか。生きていることは川の水の流れることと同じ状態なのです。なんにも考えないで、なんにもしないでいることこそ人間の生きかただと私は思います。ただ、生きていくには食べなければならないのです。だからお勧め仕事もするのではありませんか。仕事をすることは食べること以外に意味を求めてはいけないのです。」（『深沢七郎集』第九巻、筑摩書房、平成九年、三四九頁）

「人間として生きるという言葉を私は信じません。生きるではなく生きているのです。ただわけもなく生きているのが人間です。動物もそうです。…（略）…人は生きているという状態だけでいいのです。つまり人間はうごいている状態です。うじ虫、芋虫も同じだというのはそのことなのです。貴君も私も、うじ虫も、芋虫も、ただうごいている生きものなのです。外になんにも考えないこと。」（同上書、四三三頁）

人間らしくとか、世のため、人のためといったことなど、どうでもいいことで、ヒューマニズムなどといったことなど、深沢は拒否し、否定する。

生きる価値を探すというようなことは、とんでもない間違いだという。本来、怠け者であった人間も、他の生物と同様、自然の流れに沿って生かされるように、つくられていた。それをある枠内に閉じ込めたり、体質を改悪したりしながら、生き甲斐や生きる目的を強要した者がいる。多くの人間が、その強要されたものを、自分のものだと錯覚して生かされているのである。

(2) 生き甲斐は大量生産されている

生き甲斐は大量生産されている。

生き甲斐というものは、誰かが、何かの目的のために生産している、それも大量に。その一つに企業があると梅棹はいう。

企業の発展にとって大切なものの一つに、そこに働く労働者の勤労意欲というものがある。勤労意欲は、どのようにしてでてくるか。つまり、「やる気」をどうやって誘発するかである。そのために、企業はその内部で、従業員のための「生き甲斐」を作る。時と場所によって、その「生き甲斐」の内容は異るが、企業が「生き甲斐」のモデルを作為し、それを従業員に押しつけたり、選択させたりする。梅棹はこういっている。

「集団なり組織なりが生きがいの大量生産をやって、その構成員個人に配給するとなると、その集団なり組織なりの目的が、個人の生きがいの目的になる、あるいはすくなくとも個人の生きがいを規制するということになる。…（略）…わたしは、現代における生きがい論議には、基本的にこういうおとし穴がかくされているとみているわけです。」
（梅棹、前掲書、八三～八四頁）

こうしてつくられ、与えられた生き甲斐によって、それを自分のものだと思いこんでいる現代人の哀れな姿がここにはある。悲しい姿ではあるが、しかし、そう思わなければ生きてゆけないのも、また、悲しい現実なのである。

企業のほかに、世間も、国家も、この「生き甲斐」を大量に生産する。天皇制国家のために戦死することを、生き甲斐（＝死に甲斐）として、多くの若者が散華していったことを忘れてはならない。

企業戦士ということばが流行したことがあるが、企業間の闘いもあれば、企業内での闘いのなかで生れた言葉でもある。企業のために生命を賭して働き、忠誠を誓う。そのことが生き甲斐となった。自然のリズムのなかで生きる本来の人間の姿ではなく、企業によってつくられた人間の型にはめられるのである。

資本主義経済を支えるものは、このような「人材」であった。資本主義経済の高度化に従って、かつて自然のリズムに適合するかたちで生きていた人間は、企業にとって都合のよい人間に変換させられていったのである。この件に関して、次のような指摘があるが、その通りだと思う。

「近代的労働は禁欲主義的労働であるといわれる。労働の近代性は、近代になってはじめて登場した産業的経済（インダストリーの経済）に適合的であるということである。人間の身体的活動はけっして産業的経済に適合的にはできていない。人間の身体は自然のリズムに適合的である。…（略）…ところが近代の産業的生産的経済は、自然的身体では経済を運営することができない。だから初期近代は、この自然的身体を人工的に『不自然な身体』つまり産業的身体に変換しなくてはならなかった。」（今村仁司『近代の労働観』岩波書店、平成十年、五一～五二頁）

人間が本来持っていた自然的身体は後退し、または消去され、資本主義経済的身体に変革されていったのである。強制的労働も、いつの間にか、この身体にとっては、生き甲斐となっていった。

食うことができれば、それ以上の食糧は欲しなかった人間が、他の動物と異なり、欲をだし、それ以上のものを欲しがるようになったのはなぜか。人間の本性が、なんらかの要因によって変換されたのである。

その要因を作り、投与するのは企業であり、支配者であり、国家であった。本来の人間性が人工的に変換されるのである。人造人間ができあがる。人造人間は人造人間で、それなりの生き甲斐を欲するようになる。そして次々と新しい生き甲斐を与えられ、踊らされ、本来の人間性からは次第に遠ざかってゆく。真の人間の幸せがなんであるかは、ついぞ判断不可能となってゆくのである。

国家と個人の関係を考えてみよう。ここでは一人一人の民衆が国家によって、国民にされてゆく。ムラ人はムラ人でムラの拘束があり、それなりのルールはあったが、国家ほどの画一的人間像の押しつけはなかった。国家は日本列島の民衆全員にたいして、厳しい押しつけをしていったのである。

ムラ人が国民になるためには、国家の一大事件が必要であった。それは戦争である。まず、日清戦争（明治二十七年〜同二十八年）によって、ムラ人ははじめて日本国家の兵士として、他国におもむいたのである。つまり、鍬や鎌を鉄砲に変え、ムラ人は日本国の兵士となったのである。そこでは強烈な生き甲斐論が展開された。

国家のために立派な軍人になり、手柄をたてることが生き甲斐となったのである。戦火の拡大とともに、少年も動員の対象になる。少年少女は「少国民」と称された。どす黒い野望を持った人間が、国家の方針を正当化し、美化し、目的を設定して、「少国民」に苛烈な総動員をかけてゆく。

昭和六年生れの山中恒の作品に『ボクラ少国民』（平成元年）がある。山中はこの「少国民」世代の一人として、国家から受けた少国民教育について問いつづけた。八・一五を契機に学校教師がみごとな転換をしたことに、彼は激しい怒りを禁じえず、それが彼の出発点となっている。

国家というものが、いかなる手段を用いて少年少女を、その気にさせていったかを、克明に描いていった。

(3)老子・荘子の思想について

科学の進歩も生き甲斐も否定し、結局無為自然が良いということになるが、そのような、なにもしないのが良いという思想の先例に、梅棹は老荘の思想を持ってくる。

梅棹は科学者として仕事をしてきたが、彼のかたわらには常に老荘の思想があり、進むべき道を善導してくれたという。老子と荘子は少し異るが、共通している点が多く、生き甲斐などは全否定しているという。梅棹は老子について次のようにいう。

「老子には『生きがい』のかんがえはないです。生きがいのそもそもの否定から出発しているんだとおもいます。人生の目的化とか、そういうものも全部ないです。目標があってそれに対して努力するという、その努力がそもそもない。むしろ、そういうことは悪だというふうになっている。有用なこと、役にたつことは、つまらぬことだというふうになっている。何かを達成するというようなことは、みんなつまらんことだ、というふうになっている。」(梅棹、前掲書、八九頁)

目標のない人生、進歩のない人生、役にたたない人生、こういった思想を論理的に打ち破ろうとしても無理で、この老子の思想は人類最高の知恵だと梅棹はいう。近代的知の世界ではこういう思想は容認されない。生産することのみに生き甲斐を感じ、そのことが役にたっていると自覚することはそろそろ再考する必要があるのではないかというのである。

地球の資源の枯渇のために、必死に努力するなどということが、いかにバカげているかということを考えてみよというのである。

生産力の向上を核とした文明というものが、人間にとって最高のものであることなどありえない。そのような文明が、人間本来の幸福のために存在することはない。

役にたつということは、他によって認められるということである。資本主義経済のもとでいえば、それは資本家のため、その経済を支配する者に認められるということである。それを世間の常識という。この世間の常識を逸脱する者は、非常識者として排除されてゆく運命にある。

梅棹は、『荘子』のなかにある「櫟社の散木」の話を持ちだしている。

大工の棟梁であった石という人物が、弟子たちを連れて歩いているとき、曲轅という地で、クヌギの大木を発見したという話からはじまる。『荘子』から引いておこう。
「匠石《しょうせき》、斉に之《ゆ》き、曲轅《きょくえん》に至り、櫟社《れきしゃ》の樹を見る。其の大きさ数千牛を蔽い、これを絜《はか》れば百囲《い》なり。其の高きことは山に臨《のぞ》み、十仞《じん》にして而る後に枝あり。其の以て舟を為《つく》るべき者、旁《かたわ》らに十数なり。観る者市の如きも、匠伯《はく》顧みず、遂に行きて輟《や》めず。」(『荘子』第一冊〈内篇〉、金谷治訳注、岩波書店、昭和四十六年、一三四頁)
弟子たちは、こんな立派な大木はかつて見たことがない、親方はなぜこの大木に見むきもしないで立ち去るのか、と問うた。石は次のようにこたえている。
「曰わく、已《や》めよ。これを言うこと勿かれ。散木なり。以て舟を為《つく》れば則ち沈み、以て棺槨《かんかく》を為れば則ち速《すみや》かに腐り、以て器を為れば則ち速かに毀《こわ》れ、以て門戸を為れば則ち液樠《えきまん》し、以て柱を為れば則ち蠹《と》あり。是れ不材の木なり。用うべき所なし。故に能く是《か》くの若《ごと》くこれ寿なりと。」(同上書、一三四頁)
大工の親方である石が癒えに帰ったその夜、櫟社の大木が石の夢の中に登場し、次のようにのべたという。
「匠石帰る。櫟社、夢に見《あら》われて曰わく、女将《なんじは》た悪《なに》にか予れを比するや。若将《なんじ》た予れを文木に比するか。夫れ柤《さ》・梨《り》・橘《きつ》・柚《ゆう》の果蓏《から》の属、実《み》熟すれば則ち剥《はぎと》られ則ち辱《もぎと》

（衄）られ、大枝は折られ小枝は泄《ひ》（抴）かる。此れ其の能《のう》を以て其の生を苦しむる者なり。故に其の天年を終えずして、中道にして夭《よう》し、自ら世俗に掊撃《ほうげき》さるる者なり。物是《か》くの若《ごと》くならざるは莫《な》し。」（同上書、一三六頁）

『荘子』の、この個所はよく引用されるところで、無用の存在こそが天寿をまっとうできるという教えである。少し役にたつからといって調子にのるな。そんなものは、若いうちに抹殺されてしまう。俗物どもと同じ心境になることはない。役にたたないことを念願する生き方こそ、必要だというのである。

　いま一つ同じような話を引用しておこう。

「南伯子綦《なんぱくしき》、商の丘《おか》に遊びて大木を見る。結駟千乗も、将にその藾《かげ》（陰）する所に隠れ芘《おお》われんとす。子綦曰わく、此れ何の木ぞや。此れ必ず異材あらんかなと。仰いで其の細枝を視れば、即ち拳《けん》（巻）曲《きょく》して以て棟梁《とうりょう》と為すべからず、俯《ふ》して其の大根を視れば、則ち軸解《じくかい》して以て棺槨《かんかく》と為すべからず、其の葉を咶《な》むれば、即ち口は爛《ただ》れて傷を為し、これを嗅《か》げば、則ち人をして狂酲《きょうてい》せしめ、三日にして已《い》えざらしむ。子綦曰わく、此れ果たして不材の木なり。以て此《か》くの於《ごと》きの大に至る。嗟乎《ああ》、神人も此の不材を以《もち》うと。」

（同上書、一三九頁）

役にたたない一生だからこそ、生れてきたついでに、のんびりと、手足をのばして自由に生きることが可能なのである。役にたつということは、いわば世間の奴隷になり、世間によって使い捨てられるということである。役にたってはいけないという人生こそ、真の人生だということになる。

世のため、人のためと称して、私たちはどれほど自分を犠牲にしてきたことか。人生に意味など、もともとありもしないのに。世間によって作られた人生の意味や目標を達成することが役にたつことだと思いこんでいたのである。

モーレッ人間はとくに困ると梅棹はいう。モーレッに働いて役にたつというのが、もっとも困った存在だというのである。

モーレツに働いて、会社人間としての実績をあげ、それを人生の充実だと思う人間の多い企業は大きな利益をもたらす企業である。このことが大変困ると梅棹は次のようにいう。

「しかし、それこそ一番こまることかもしれない、とわたしはおもうんです。モーレツ人間というのは世の中で一番こまった存在ではないか。」（梅棹、前掲書、一二二頁）

現代文明の進歩に役だつことが、人類の滅亡に協力することになるとするなら、この進歩にブレーキをかけることを考えねばならぬことになる。アクセルしかないこの文明に、どのようにしてブレーキをかけるかは至難のわざである。猛スピードで坂道をかけおりるこの文明にブレーキをかけることは可能か。可能ならば、人類は生きのびるかもしれない。そうでなければ滅亡しかない。梅棹はこういう。

「進歩しないでおくことがもしできれば、すくわれるかもしれない。しかし、このまま進歩がつづけば、われわれはもう破滅するしか道がないいんじゃないか、どこかで進歩をくいとめることをかんがえなければならない。つまり文明主義というものがあるとしたら、それに対する一種の反文明主義がでてこなければならない。文明というものはこまるもんだ、というかんがえ方をもちださなければならんのではないか。」（同上書、一二一頁）

(4)幼稚な技術文明、文明の墓穴

文明は伝染病だと断言した人物に岸田秀がいる。文明は病気であって、この病気は人類だけがかかるものであって、現代における重病人はヨーロッパ人とアメリカ人、それ以外では日本人だという。岸田の文明観とは次のようなものである。

「文明とは病気である。しかもかなり伝染性の強い病気である。……（略）……文明は、人類が生物学的に畸型的な進化の方向にはまり込み、本来の自然的現実を見失ったことにはじまる。人類は、見失った自然的現実の代用品として人工的な疑似現実を築きあげた。この疑似現実が文明である。」（『続・ものぐさ精神分析』中央公論社、昭和五十七年、一〇頁）

この人工的に作為した文明は、自然的現実ではないから、両者の間には、ズレが生じ、人間にとってそれは、けっして居ごこちはよくない。そこで人間は居ごこちのよさを求めて再度違った文明をつくる。それでも満足することはできず、次々と新しい文明をつくってゆく。このことを何度繰り返しても、もとの自然的現実には戻れない。何度も何度もこのことを繰り返すことになり、それを文明の進歩と呼んでいるのだと岸田はいう。

この繰り返しを止めようとする動きがないことはない、と岸田は未開人と文明人との関係をとりあげている。

「たとえば、いわゆる未開人が稚拙で不便な道具を使っているのをいわゆる文明人が見て、はるかに能率のいい便利な道具を教えてやっても、未開人（いちいち『いわゆる』をつけるのもめんどうなので、以下省略する）はそれを受けつけず、相変わらずもとの不便な道具を使いつづけるということがよくあるが、これもそうした努力の一例である。文明人はともすればそれを未開人が知的または技術的に劣っているためだと思いがちであるが、そう思うのは文明人のたわけた自惚である。」（同上書、一一頁）

現代の技術文明の幼稚さを梅棹は指摘する。文明人は一方的に自然を破壊し、支配し、食いつぶすことの技術を考えた。自然は無限ではないので、いつの日か必ず死滅するときがくる。開発という名の自然破壊が文明だと錯覚している。自分自身がよって立つ基盤を崩すことをもって文明と呼んでいるのだ。彼は次のようにいう。

「いままで文明というものは、人間が自然を征服して、つくりあげてきたものだと信じられていた。それで、自然からきりはなされた一つの独自の世界を、人間は地球上に構築しえたとおもっていた。ところが、それはまったくのまちがいであったということです。じつは、われわれは文明をすすめることによって、自分の墓穴をほっていたんだ、ということになりかねない。文明というものは、まさにそういう自分自身の存在の基礎をほりくずすことによって成立しているような、まことに矛盾にみちたものだという、そういう認識がでてきたんです。」（梅棹、前掲書、一七七～一七八頁）

科学技術は自然を破壊しただけではない。文明諸国が弱小国を支配し、滅亡に追いやる手段として大罪を犯してきた。植民地支配の道具としてその役割をはたしたのである。

ヨーロッパ列強による非ヨーロッパの植民地化は、こうしておこなわれたのである。優勝劣敗、弱肉強食の法則が、傲慢にも生れ、それを押し進めることが、文明の進歩だと称されたのである。

このヨーロッパ文明を採用しようとした日本は、それまでの農耕文明を軽視し、植民地獲得の方向へと舵を切ったのである。

ヨーロッパの隆盛は、非ヨーロッパの悲劇であった。ヨーロッパとアジアの関係を岡倉天心は次のように表した。

「ヨーロッパの栄光は、アジアの屈辱である！　歴史の過程は、西洋とわれわれのさけがたい敵対関係をもたらした歩みの記録である。狩猟と戦争、海賊と略奪の子である地中海およびバルト海諸民族の、落ちつきない海洋的本能は、最初から、農業的アジアの大陸的安住とはいちじるしい対照をなしていた。自由という、全人類にとって神聖なその言葉は、彼らにとっては個人的享楽の投影であって、たがいに関連しあった生活の調和ではなかった。…（略）…彼らの偉大さとは、弱者を彼らの快楽に奉仕させることであった。」（「東洋の目覚め」『岡倉天心』中央公論社、昭和四十五年、七〇頁）

略奪と抑圧によって拡張してゆくことが、ヨーロッパ文明の本質である。それはまさしく「力」そのものである。この「力」の文明に抗してでも、固有の価値を堅持してゆくか、それとも「力」に従属して略奪と抑圧から身を守るか、非ヨーロッパの諸国はその選択肢しかなかった。

日本は福沢諭吉のいう「脱亜」の方向に舵をとり、ヨーロッパ文明の仲間入りをすることに血道をあげた。

岡倉天心の心は、そのような方向とは逆であった。アジア諸国は、それぞれ偉大な固有の宗教を持ち、芸術を持ち、そこには精神の昂揚があったという。しかし、侵略と膨張を好むヨーロッパ文明の嵐は、荒れ狂う。天心はいう。

「アジア人ひとりひとりの心臓は、彼らの圧迫によるいいようのない苦しみに血を流していないであろうか？　ひとりひとりの皮膚は、彼らの侮蔑《ぶべつ》的な眼の鞭《むち》の下でうずいていないであろうか？」（同上書、九一頁）

(5)あそび・余暇の価値

生産活動という労働のみに価値が置かれていた時代にあっては、あそびとか余暇というものは無価値どころか、罪悪として批判、攻撃の対象になっていた。

余暇や遊びが許されるとしても、それは生産活動に熱中するための補助的手段としてのもので、どこまでいっても、従属的な存在であった。そういった状況に、少し異変がおきつつあると梅棹は次のようにいう。

「それがいま、ちょっと風むきがかわってきている。『おれはあそんでいるんだ』ということの方が、はたらいているということよりも、はるかにつよい迫力で主張できるふうになりつつある。漁師よりもレジャーのつり人の方が鼻息があらく、タクシーよりも自家用車のドライブの方が優先する。『なんだお前、仕事でやっているのならすこし遠慮しろ』というように、あそびこそは、人生における重大な神聖行為というふうにうごきつつある。」（梅棹、前掲書、一三二頁）

人類史のなかで、労働に価値を置いた時期はそう長くはない。生産労働に価値を置いたのは、そうしなければその体制が維持できなくなるという恐怖から、労働者にそのことを押しつけ、一つの道徳や倫理にしたにすぎない。

近代以前の人間生活の評価基準は、遊びであり余暇であって、労働で忙しいことなど、なんの価値もなかった。あっても極めて貧しい価値しか与えられていなかった。食うための生産労働に価値や美しさを与えることはなかった。多忙な人生からの解放こそ、人類の希望であった。多忙のなかで肉体を酷使することからは、人間の思考力は低下し、身体を動かす以外なにもなくなる。

多田道太郎は『物くさ太郎の空想力』（昭和五十五年）を書き、そのなかで、働くことよりも、自分は休みたいという人間の方を、神は「よみしたもう」のであって、そういった人間こそが、空想力をはたらかすことができるという。

「つまり、めったやたらに働くのではなく、とにかくすべてがめんどうだ。おれは休んでいたいんだ、という人物のほうこそ、神はよみしたまうんだ。『ころがる石には苔《こけ》がつかない』という、近代主義的なことわざが西洋にあるけれども…（略）…、私はこういうものは日本の民衆の思想とは、おそらく正反対のものだったのではないかと思う。徳川時代になると、二宮尊徳《にのみやそんとく》をはじめ、さまざまの勤労思想が出てくるけれども、勤労思想は昔からえんえんとつづいて民衆のなかにあるのではなくて、ある時期に権力者なり、資本家なりによって、強力に植えつけられた一時的な思想である。むしろ、その底にあるもの、あるいはそれ以前にあるものは、なまけている者こそ神はよみしたもうという思想だ。おれたちはほんとうは働かなくてもいいんだ、働かないことこそユートピアだ、という考え方が、物くさ太郎をささえてきたし、民話の三年寝太郎もまったく同

じ思想に貫かれていると思うのです。」（『物くさ太郎の空想力』角川書店、昭和五十五年、一八〇頁）

体力の限界まで働いて、働かされて、その後に生れる発想というようなものは、貧困そのもので、なんらとるに足らないどころか、間違った方向の発想が生れる。

多田はこんな話を持ちだしている。彼が立山・黒部を貫くアルペンルートを通ったときの話である。北アルプスを貫いて、富山県と長野県をつなぐという構想。こんな構想は簡単なもので、「つまり、東海道に新幹線が通っている以上、北陸にも新幹線がほしい。山がじゃまになる。それじゃトンネルを貫こう。こういう論理だろうが、それがどこから出てきたのかを考えてみると、やはり、早く走ろうとか、この山がじゃまだとかいう、産業社会のなかにある貧弱な構想の延長としてだと思う。」（同上書、一八一頁）

遊びが人生のすべてであって、生産活動を知らない山男を描いた人に宮沢賢治がいる。賢治は農民との接触が彼の人生の大半をしめているように思えるが、彼の心の底にあったものは、それとは違う。たしかに賢治は死の直前まで、農民のことが気になり、瀕死の状態にあっても、農民の訪問を受け入れている。

品種の改良や肥料の設計によって、賢治は農民の貧困を救済しようとしたが、それはあくまで一時的な貧困の対策であって、彼が農業世界の体質に合っていたかというと、どうもそうではなさそうである。つまり、血の部分から吹き出したものではないように思える。鍬や鎌をもって、田畑に出ている賢治の姿は、どういうわけか思い浮かばない。農民に同情しつつも、もっともっと迫害を受けたであろう山の男たちに彼の心は向うのである。田畑が修行の場であったとするならば、山は賢治の心の癒し場所であった。

賢治の童話に登場する山男は、まさしく、物くさ太郎のような存在である。山男は生産活動に従事しない。稲もつくらないし、野菜もつくらない。そういう労働に価値を認めない。

生産活動に異常なまでの価値を与えてきたのは、近代であり、近代産業である。生産という行為はもともと経済的価値だけのものであるが、それを超えて、文化的、総合的価値を獲得することになり、ついにそれは神聖化された。

生産活動だけに生き甲斐が強要され、生産力の向上に寄与する行為をもって、唯一の価値とされた近代人は、もはや本来の人間の姿に戻ることは不可能となった。

賢治の描く山男は、経済的身体など持ち合せていない。自然のリズムに合った身体で呼吸をしている。おしげもなく、すべてを自然にあずけ、そのなかで生かされている。

自然がくれるものをいただき、風や光や雲のなかに自分を投げ入れているのだ。これは人間の原初の姿といってもいい。

大人社会の生産活動が中心の世界から見れば、幼児性の強い山男は、一人前ではないことになるが、しかし、大人の手の届かない、あるいは大人には許されない世界に容易に入ることができる。神がそれを許しているのだ。

山男は遊びの名人である。遊びが生活である。

梅棹が主張しているいくつかの点を中心に私見をのべてきたが、梅棹が主眼を置いているのは、「生き甲斐」をどう思うかということである。

彼が忠告しているように、「生き甲斐」というものの、インチキ性とその不要性に私たちは注目しなければならない。

人は何のために生きているのか、などと問うことから、いかにバカバカしいことが生れているか。そういうバカバカしさから逃れるために、私たちは、いま、何を学ばなければならないのか。これまで追い求めてきた人生の意味、目的、生き甲斐といったようなものを問うこと、そのことが、どれほど無意味なことであったかを学ばなければならない。

世間が作った「人生の意味」とか、企業や国家が強要した「生き甲斐」などにとらわれることなく、そういった常識という世界から距離を置いて生きることを、私たちは試みる必要がある。

人生を十全に生きておれば、そこには、なんの過不足もなく、迷いもない。人間は本来原初的雰囲気のなかで、豊かな本能を持ち、十全に生きていた。本能が十分に機能していれば、生き甲斐とか人生の目的などを問うことはないのである。しかし、悲しいことに人間は本能をいまや破壊されてしまっている。したがって、常に人生の目的や、生き甲斐を探し求めて生きねばならないのである。それをうまく飲み込もうとして、大きな口を開けて、企業や国家や世間というものが、にせものの生き甲斐や人生の目的を作為し、提供しているのである。

主要参考・引用文献
井上俊『死にがいの喪失』筑摩書房、昭和四十八年
多田道太郎『物くさ太郎の空想力』角川書店、昭和五十五年

『御伽草子』（上）〈市古貞次校注〉岩波書店、昭和五十年
今村仁司『近代の労働観』岩波書店、平成十年
ひろさちや『「狂い」のすすめ』集英社、平成十九年
鹿野政直『日本の近代思想』岩波書店、平成十四年
『荘子』第一冊内篇、〈金谷治訳注〉岩波書店、昭和四十六年
梅棹忠夫『わたしの生きがい論―人生に目的があるか』講談社、昭和五十六年
ポール・ラファルグ『怠ける権利』〈田淵晋也訳〉人文書院、昭和四十七年
『深沢七郎集』第八巻、筑摩書房、平成九年
サマセット・モーム『人間の絆』（下）〈中野好夫訳〉新潮社、平成十九年
『深沢七郎集』第九巻、筑摩書房、平成九年
ホイジンガ『ホモ・ルーデンス』〈高橋英夫訳〉中央公論社、昭和四十八年
山中恒『ボクラ少国民』講談社、昭和六十四年
別宮貞徳『「あそび」の哲学』講談社、昭和五十九年
『宮沢賢治全集』（8）筑摩書房、昭和六十一年
R・カイヨワ『遊びと人間』〈清水幾太郎・霧生和夫訳〉岩波書店、昭和四十五年
バートランド・ラッセル『怠惰への讃歌』〈堀秀彦・柿村峻訳〉平凡社、平成十九年

初出一覧

一　近代的自我とヨーロッパ文明―「日本近代の迷執」（「近畿大学日本文化研究所紀要」第五号、令和四年三月）
二　労働の過信〈原題・労働の神話化〉（同右）
三　大学の教養教育（同右）
四　「ヒューマニズム」という偽善―「日本近代の隘路と蹉跌」（「近畿大学日本文化研究所紀要」第六号、令和五年三月）
五　ムラ（共同体）の評価（同右）
六　日本浪曼派のこと（同右）
七　国語というもの（同右）
八　転向と祖国・民族（書き下ろし）
九　修養という問題（書き下ろし）
十　生き甲斐論（書き下ろし）

あとがき

日本の近代が直面した数々の難問について、私たちはどのような解決の道を歩んできたか。

きわめて狭い迷路と、とてつもない大きな岩とが行く手をはばみ、いまだ、解決の糸口さえ見えてこないものが多く存在する。

完膚なきまでに打ちのめしたと思っていたものが、じつは地下深く潜んでいたにすぎず、深く暗い闇のなかで出現の機会を狙っていたとは。

枯渇することを忘れ、生の豊熟のみに酔っている軽薄な民主主義には、それに抗する手立てはなかろう。

相手の本質的なところを攻め込む勇気もなく、日本浪曼派や散華の精神を嘲笑し、放擲してきた戦後民主主義の罪は重い。

たしかに散華することの美は崇高さを持ちつつも、極めて危険なものを秘めている。その美しさゆえに、ともすれば足もとをすくわれる。また、非政治的生活体としての郷土、祖国のために散華することが、政治体としての国家のための死につながっていたことを忘れてはなるまい。しかし、親、子、妻、恋人、そして、その人たちの住む生活体としての郷土、祖国を守るために自分を散らすというこの切ない思いが、どうして反平和主義、反民主主義に結びつくのか。身を砕く思いで問わなければならない問題である。散華することを批判し、嘲笑することは、やすっぽいヒューマニズムでも可能である。しかし、この散華の原初的精神の把握は、そんなに簡単なことではない。愚者が一片の知識をひけらかし、ぬくぬくとした安全圏のなかで、権力批判のポーズをとっている浅慮な知識人の群がいる。

絶対死を前にして、しかも敢然と進まねばならない人たちの決断など、そういう類の族にはわかりはすまい。

禁欲と志の消えうせたエゴの追求拡大というものは、いかなる仮面を被ろうとも、所詮権力体制順応のかたちで終結する運命にある。

このところ、日本人は牙をむくことのない順応の快適さと、擬制の個人主義や自立というもので、文化人として通用することを知ってしまった。

仁、義、忍を持ち合せていないこの生活の知恵が、国家の巧妙な支配の論理を打破することなどできはしない。

散りゆくことの美しさに酔ってはならぬが、同時に散りゆくゆえに美しいという思いを凌駕するものが発見できないかぎり、それがたとえ狂と呼ばれ、愚と呼ばれようと、また、そこに回帰するほかないという不安を私は抱く。いずれにしても隘路につぐ隘路が待っている。

かかる状況のなかで、本書の役割など皆無だと思うが、できれば世間の常識を打破しようとして懸命に生きておられる心ある人に読んでもらいたい。

末筆になったが、今回も風媒社の皆様には御迷惑をおかけした。なかんずく林桂吾さんには大変御世話になった。この場を借りて厚く御礼をのべておきたい。


令和五年四月二十二日、突然妻潤子が他界した。私と共に過ごしてくれた五十七年間、苦労をかけっぱなしだった妻が、もうこの世には不在である。この寂寥感たるや、言語の域をこえている。私の妻として彼女は幸せだったのか、いまとなってはたずねること

もできない。著書の「あとがき」などに泣きごとを書くな、とは故橋川文三先生の御忠告であったが、本書出版にあたり、どうしても「泣きごと」をいわせてもらいたい。私の全仕事は、妻潤子のおかげである。本書を、いまは亡きわが妻に捧げたい。ありがとう。

［著者紹介］
綱澤満昭（つなざわ・みつあき）
1941 年 満州（中国東北部）に生れる
1965 年 明治大学大学院修士課程修了。専攻は近代日本思想史、近代日本政治思想史
近畿大学名誉教授
（元）姫路大学学長

主要著書
『近代日本の土着思想—農本主義研究』（風媒社）
『日本の農本主義』（紀伊國屋書店）
『農本主義と天皇制』（イザラ書房）
『未完の主題』（雁思社）
『農本主義と近代』（雁思社）
『柳田国男讃歌への疑念』（風媒社）
『日本近代思想の相貌』（晃洋書房）
『鬼の思想』（風媒社）
『宮沢賢治の声』（海風社）
『異端と孤魂の思想』（海風社）
『近代の虚妄と軋轢の思想』（海風社）
『農本主義という世界』（風媒社）
『ぼくはヒドリと書いた。宮沢賢治 』（山折哲雄氏と共著、海風社）
『怨・狂・異の世界—日本思想ひとつの潮流』（風媒社）
『忿・傷・危の世界—近代日本の思想研究』（風媒社）

日本近代の隘路と蹉跌

2023 年 12 月 6 日　第 1 刷発行　（定価はカバーに表示してあります）

著　者　　綱澤 満昭

発行者　　山口 章

発行所　名古屋市中区大須 1 丁目 16 番 29 号
電話 052-218-7808　FAX052-218-7709
http://www.fubaisha.com/
風媒社

乱丁・落丁本はお取り替えいたします。　＊印刷／シナノパブリッシングプレス
ISBN978-4-8331-0633-7